工業科教育の方法と実際

石坂政俊・長田利彦・巽 公一・田中正一著

東海大学出版部

Methodology and Practice of Teaching Industrial Course
Masatoshi Ishizaka, Toshihiko Osada, Kimikazu Tatsumi and Shoichi Tanaka
Tokai University Press, 2016
ISBN978-4-486-02101-8

まえがき

　本書は、工業教育に関する理念、教育課程、指導内容・方法等を整理し、高等学校工業科の教員の養成や研修に資することを目的として執筆しました。

　本書の対象としては、大学の教職課程において高等学校工業科の教員免許取得を目指して学ぶ大学生、工業科の現職教員及び教育行政の関係者等を想定して編集しました。それ以外にも、工業教育に関心のある一般の方々にも手に取って読んでいただけるよう、わかりやすい内容としています。

　内容としては、高等学校教育の理念、工業教育の特色、工業科の教育課程、工業科における学習指導、工業科における生徒指導・進路指導、工業教育における教育課題の6テーマについて、工業教育の視点でまとめました。

　高等学校教育の理念に関しては、生涯学習社会、知識基盤社会において求められる人材について整理し、高等学校教育の目的、仕組み、教育課程の変遷、特色化等についてまとめました。工業教育の特色に関しては、職業教育の意義、工業教育で身に付けさせる資質・能力、学科や施設・設備の特色、工業教育の歴史、諸外国の工業教育等について整理しました。工業科の教育課程に関しては、工業科の目標、科目構成、主な科目の内容、特色ある教育等について整理し、工業科における学習指導に関しては、学習指導の方法、指導形態、指導技術、学習評価等について、工業教育を題材にしてまとめました。工業科における生徒指導・進路指導に関しては、キャリア教育、インターンシップ、企業との連携、生徒指導、特別活動等について工業高校の特色を踏まえて整理し、工業教育における教育課題に関しては、家庭・地域との連携、ボランティア活動、資格・検定、教員研修等についてまとめました。

　作成に当たっては、1問1答による演習形式を取り入れ、各項目2ページの見開きで読みやすい書式に統一いたしました。興味のあるところから学んでも理解できるよう、項目ごとに学びが完結できるよう構成してあります。また、関連する項目については、参照箇所を示し、他の項目と関連付けながら学べるようにしました。

　各項目では、可能な限り法令や学習指導要領、各種報告書等の根拠を示すと

ともに、最新のデータや指導事例を盛り込み、具体的にイメージし理解しやすいようにしています。特に、公益社団法人全国工業高等学校長協会で毎年行っている工業科を設置する学校を対象とした調査等を参考とし、工業高校の現状と課題を統計資料に基づいて整理しています。

　本書を通じて、工業科教育法の学修や工業教育の理解に役立てていただくことを期待しています。

2016年3月　執筆者一同

目次

まえがき　iii

1章　高校教育の理念 ― 1

- **Q1**　生涯学習社会とはどのような社会か ― 2
- **Q2**　知識基盤社会にはどのような人材が求められるか ― 4
- **Q3**　今求められる学力とは何か ― 6
- **Q4**　中等教育はどのように発展してきたか ― 8
- **Q5**　高等学校教育の目的は何か ― 10
- **Q6**　高等学校にはどのような課程があるか ― 12
- **Q7**　高等学校にはどのような学科があるか ― 14
- **Q8**　高等学校の個性化・特色化はどのように進められているか ― 16
- **Q9**　学習指導要領の教育課程はどのように変遷してきたか ― 18

2章　工業教育の特色 ― 21

- **Q10**　職業教育にはどのような意義があるか ― 22
- **Q11**　職業教育にはどのような支援がなされているか ― 24
- **Q12**　工業教育の特色は何か ― 26
- **Q13**　「スペシャリストへの道」では、どのような方向性が示されたか ― 28
- **Q14**　工業教育における専門性の基礎・基本とは何か ― 30
- **Q15**　工業科で身に付けさせる資質・能力とは何か ― 32
- **Q16**　工業科にはどのような学科があるか ― 34
- **Q17**　工業高校にはどのような施設・設備があるか ― 36
- **Q18**　高等学校専攻科とは何か ― 38

- Q19　工業高校の学科の特色化はどのように進められているか ── 40
- Q20　工業高校の個性化・特色化はどのように進められているか ── 42
- Q21　日本版デュアルシステムとはどのような教育システムか ── 44
- Q22　近代の教育思想はどのように形成されたか ── 46
- Q23　近世（江戸時代）において工業教育はどのように行われていたか ── 48
- Q24　近代（明治〜戦前）において工業教育はどのように行われていたか ── 50
- Q25　戦後の工業教育はどのように変遷してきたか ── 52
- Q26　諸外国において職業教育はどのように行われているか ── 54

3章　工業科の教育課程　── 57

- Q27　工業科ではどのような教育を目指しているか ── 58
- Q28　工業科の科目はどのように構成されているか ── 60
- Q29　「工業技術基礎」ではどのような教育を行っているか ── 62
- Q30　「課題研究」ではどのような教育を行っているか ── 64
- Q31　工業科では実習がどのように行われているか ── 66
- Q32　工業科において情報教育はどのように行われているか ── 68
- Q33　工業科において環境・エネルギー教育はどのように行われているか ── 70
- Q34　工業科において安全教育はどのように行われているか ── 72
- Q35　技術者倫理を育成するためにはどのような教育が必要か ── 74

4章　工業科における学習指導　── 77

- Q36　子供の発達段階と学習指導との関係はどのようになっているか ── 78
- Q37　体験活動にはどのような意義があるか ── 80
- Q38　問題解決学習とはどのような学習方法か ── 82
- Q39　学習指導案はどのように作成するか ── 84
- Q40　多様な指導形態とはどのようなことか ── 86
- Q41　授業におけるコミュニケーションで大切なことは何か ── 88

- **Q42** 思考を促すためにどのように発問を行うか ─── 90
- **Q43** 板書を効果的に行うにはどのような工夫が必要か ─── 92
- **Q44** 教育評価はどのように行われているか ─── 94
- **Q45** 学習意欲を高めるためにはどのような工夫が必要か ─── 96
- **Q46** 言語活動を充実するためにどのような工夫が必要か ─── 98

5章　工業科における生徒指導・進路指導 ─── 101

- **Q47** 工業高校における卒業後の進路はどのようになっているか ─── 102
- **Q48** キャリア教育で大切なことは何か ─── 104
- **Q49** インターンシップ（就業体験）にはどのような教育的意義があるか ─── 106
- **Q50** 産業構造・就業構造の変化とはどのようなことか ─── 108
- **Q51** 企業はどのような人材を求めているか ─── 110
- **Q52** 企業においてどのように人材育成を行っているか ─── 112
- **Q53** 工業高校においてはどのような生徒指導が行われているか ─── 114
- **Q54** 工業高校における特別活動の特徴は何か ─── 116

6章　工業科における教育課題 ─── 119

- **Q55** 工業高校では地域産業とどのように連携しているか ─── 120
- **Q56** 学校・家庭・地域との連携とはどのようなことか ─── 122
- **Q57** 工業科の特色を生かした奉仕活動（ボランティア活動）とは ─── 124
- **Q58** 工業科で取得する資格・検定にはどのようなものがあるか ─── 126
- **Q59** 技能を競い合う取組としてどのようなものがあるか ─── 128
- **Q60** 学習の質の保証はどのように行われているか ─── 130
- **Q61** 工業高校の教員はどのような研修を行っているか ─── 132

索引　　135

1章
高校教育の理念

Q1 生涯学習社会とはどのような社会か

1 生涯学習社会とは

　1965年ユネスコの**ポール・ラングラン**（Lengrand、P.）は「教育の使命も生活の準備としてのものから、自己教育を中核として一生に渡って継続するものへと変化すべきだ。」として硬直化した学校教育の構造を批判し、生涯教育を提唱した。その後、ユネスコでは、人間が人間になるためには生涯にわたる学習が必要不可欠として「**生涯学習**」が唱えられた。

　我が国では、中央教育審議会〔46答申〕（昭和46年）で、生涯教育の視点から学校教育を見直すことが指摘された。さらに、臨時教育審議会第三次答申（昭和62年）では、画一性、硬直性、閉鎖性を打破し、個人の尊厳、個性の尊重、自由・自律・自己責任の原則、すなわち「個性重視の原則」に立ち、社会の変化に対応し、活力ある社会を築いていくためには、学歴社会の弊害を是正するとともに学校中心の考えを改め、生涯学習体系への移行を主軸とする教育体系を図ることが必要であると示した。すなわち、学校での完結学習から継続学習への改革が提起されたのである。

　これを受けて、生涯学習審議会答申（平成4年）において、「生涯学習社会」とは、「人々が、生涯のいつでも、自由に学習機会を選択して学ぶことができ、その成果が適切に評価されるような社会である。」とした。

　平成18年12月に成立した教育基本法には、第3条に、「国民一人一人が、自己の人格を磨き、豊かな人生を送ることができるよう、その生涯にわたって、あらゆる機会に、あらゆる場所において学習することができ、その成果を適切に生かすことのできる社会の実現が図られなければならない。」と生涯学習社会の実現に努めることが新たに規定された。

　また、第15期中央教育審議会答申（平成8年）では、「我々はこれからの子供たちに必要となるのは、いかに社会が変化しようと、自分で課題を見つけ、自ら学び、自ら考え、主体的に判断し、行動し、よりよく問題を解決する資質や能力であり、また、自らを律しつつ、他人とともに協調し、他人を思いやる

心や感動する心など、豊かな人間性である。」と課題解決型学習を取り入れるなど、生涯学習の基礎を培う必要があることが提案された。

2 学校週5日制

近年、地域における共同活動が大人のみならず子供にも見えなくなってきている。その改善のためには、地域における社会的・文化的な価値の再興とともに、新たな発見と創造的な地域発展が求められる。

生涯学習社会において、社会と学校とがかかわり合う取組の一つとして、平成4年9月から毎月の第2土曜日を休業日として月1回の学校週5日制が始まり、平成7年度からは**完全学校週5日制**となった。学校週5日制の導入は、学校、家庭及び地域社会の教育の在り方や相互のかかわり方を見直し、それぞれの教育力を高め合う中で、子供たちにこれからの社会で生きていくために必要な資質や能力を育成することを目指すものである。

3 学校・家庭・地域との連携

平成11年告示の学習指導要領において「総合的な学習の時間」が新設され、キャリア教育、国際理解教育、環境教育、食育、地域の歴史・文化の理解など様々な課題について、地域の住民とかかわりながら学習することが示された。

ここで大切なことは、体験活動を重視することである。自然体験、社会体験、勤労体験、奉仕体験などを通していかに生きるべきかを自らの身体で直接体験し、感じ取ることである。学校が地域と積極的にかかわり、地域において体験活動などを行うことは、地域を理解し、社会奉仕の精神や勤労観・職業観等を培うなど様々な効果が期待できる。

生涯学習社会の中で、人間として自己実現を果たすためには、学校が家庭・地域と連携して様々な社会とかかわることが大切である。今後の教育改革を推進するためには、地域に期待される学校として改革・改善をいかに進めるかが重要である。

参考文献 文部科学省『平成25年度文部科学白書』、2014

Q2 知識基盤社会にはどのような人材が求められるか

1 「知識基盤社会」とは何か

中央教育審議会答申（平成17年）において、「知識基盤社会」を次のように示している。

> 21世紀は、新しい知識・情報・技術が政治・経済・文化をはじめ社会のあらゆる領域での活動の基盤として飛躍的に重要性を増す、いわゆる「知識基盤社会」（knowledge-based society）の時代であると言われている。

知識に国境はなく、グローバル化が一層進む社会の中で、知識は日進月歩であり競争と技術革新が絶え間なく生まれ、知識の進展は旧来のパラダイムの転換を伴うことが多く、幅広い知識と柔軟な思考力に基づく判断が一層重要となる。また、性別や年齢を問わず参画することが促進される時代でもある。

このような社会において、自己責任を果たし、他者と切磋琢磨しつつ一定の役割を果たすためには、基礎的・基本的な知識・技能の習得やそれらを活用して課題を見いだし、解決するための思考力・判断力・表現力等が必要である。しかも、知識・技能は陳腐化しないよう常に更新する必要があり、生涯にわたり学ぶことが求められ、学校教育はそのための重要な基盤である。

2 知識基盤社会が求める人材

「知識基盤社会」において、グローバル化し、競争と技術革新が急激に進む社会にあって、単なる知識の量だけを学力とするのではなく、生涯学習社会に必要とされる課題発見・課題解決能力、主体的・創造的に取り組む態度、身に付けた知識・技術等を相互に関連付けまとめる能力などが必要とされる。これらの能力を育成し、子供たちを社会に導き出すため、学校教育には、確かな学力、豊かな心、健やかな体の調和を重視する「生きる力」を育成する使命がある。

我が国の児童生徒について、OECD（経済協力開発機構）の**PISA調査**の結

果から、次のような課題が指摘されている。
　①思考力・判断力・表現力等を問う言語能力、知識・能力を活用する力等の課題
　②学習時間や学習意欲、学習習慣・生活習慣等の課題
　③自分への自信の欠如、将来の不安、体力の低下等

　なお、OECDは、「知識基盤社会」で必要な主要能力（キーコンピテンシー）を次のように示している。
　①社会・文化的、技術的ツールを相互作用的に活用する能力
　②多様な社会グループにおける人間関係形成能力
　③自律的に行動する能力

　また、学校から社会への移行において様々な課題がある。求人状況の変動、求職と求人のミスマッチ、雇用システムの変化など、就職・就業をめぐる環境は激変している。若者自身の資質等をめぐる課題として、勤労観・職業観の低下、社会人・職業人としての基礎的資質・能力の未熟さ、社会人としての意識の希薄さ、高学歴社会におけるモラトリアム化などが挙げられている。

　これらの課題の解決に向けて、社会人・職業人として自立した社会の形成者を育成する観点から、学校においては、生徒が生涯にわたって学び続ける意欲、基礎的・基本的な知識・技能の習得、思考力・判断力・表現力などの育成を図ることが求められる。また、家庭・地域と連携し、発達段階に応じて自然体験、社会体験等を積極的に取り入れ、社会的・職業的自立に向け、勤労観・職業観を育成することが求められる。

　現在、「知識基盤社会」が求める職業能力として「人間力」（平成15年・内閣府）、「就職基礎力」（平成16年・厚生労働省）、「社会人基礎力」（平成18年・経済産業省）など"力"を語尾に付した能力が多く示されている。これらの共通点として、コミュニケーション能力、リーダーシップ、チームワークなどが挙げられる。

参考文献　P・F・ドラッカー（上田惇生編訳）『テクノロジストの条件』ダイヤモンド社、2005

Q3 今求められる学力とは何か

1 法令等に示された学力観

求められる学力については、平成19年に学校教育法が改正され、第30条第2項に次のように明文化された。

> 生涯にわたり学習する基盤が培われるよう、基礎的な知識及び技能を習得させるとともに、これらを活用して課題を解決するために必要な思考力、判断力、表現力その他の能力をはぐくみ、主体的に学習に取り組む態度を養うことに、特に意を用いなければならない。

これを受けて、平成21年改訂の高等学校学習指導要領では、「学校の教育活動を進めるに当たっては、各学校において、生徒に生きる力を育むことを目指し、創意工夫を生かした特色ある教育活動を展開する中で、基礎的・基本的な知識及び技能を確実に習得させ、これらを活用して課題を解決するために必要な思考力、判断力、表現力その他の能力を育むとともに、主体的に学習に取り組む態度を養い、個性を生かす教育の充実に努めなければならない。」と示されている。このことは小・中学校においても同様に示されている。

求められる学力を整理すると、①基礎的・基本的な知識及び技能　②これらを活用して課題を解決するために必要な思考力、判断力、表現力その他の能力　③主体的に学習に取り組む態度　の3つの要素から成り立つと考えられている。

2 学力観の変遷

ここに至るまでに学力観について様々な変遷があった。学力観は、社会の変化、子供の状況や進路状況の変化などの影響を受けてきた。ここで、戦後の学力観の変遷をたどってみよう。

昭和20年代は、デューイ（Dewey）の経験主義による教育の影響を受け、子供の学習意欲や興味・関心に基づいた教育が行われ、様々な体験を通して生活

における問題解決の能力を形成することが重要とされた。

その後、こうした経験主義による教育は基礎学力の低下を招くとの批判がなされるようになり、昭和33～35年告示の学習指導要領では、**ブルーナー（Bruner）** の系統主義による教育などの影響のもと、学問の体系に基づいた知識・技能など基礎学力を育成することが重視されるようになった。

1957年に旧ソ連が人類初の人工衛星打ち上げに成功したことに危機を感じたアメリカ合衆国は科学技術教育を重視した「教育の現代化」を進めた。こうした影響を受けて、昭和43～45年の改訂では、時代の進展に対応した新たな内容が導入されるなど教育内容の一層の向上が図られ、学力は、科学的概念や原理を理解し、科学的探究を通して方法を身に付けるものとされ、知識・理解、技能が一層重視されるようになった。

その後、系統主義による教育は、いわゆる「落ちこぼれ」を生み出すなど「詰め込み主義」と批判されるようになり、学問中心の教育から学習者中心の教育へと転換する「教育の人間化」が進められるようになった。昭和52～53年の改訂では、ゆとりある学校生活の実現を目指し、各教科等の目標・内容が中核的事項にしぼられ、人間性の豊かさが重視された。自分で考え正しく判断し、自ら実践する能力や態度を育成することを目標とし、学力の考え方に関心・態度が加えられた。

平成元年の改訂では、生涯学習の基礎を培う学校教育において、知識の量より質、学ぶ意欲・態度や学び方を重視した自己教育力の育成が重要であるとされ、自ら学ぶ意欲、思考力・判断力・表現力を重視した新しい学力観が示された。また、関心・意欲・態度、思考・判断、技能・表現、知識・理解の4つの観点別に評価する評価観が示された。

平成10～11年の改訂では、自ら学び、自ら考え、主体的に判断し、行動し、よりよく問題を解決する能力など「生きる力」の育成が重要とされ、横断的・総合的な学習や探究的な学習を通してこれらの能力を育てることを目標とした総合的な学習の時間が創設された。

平成20～21年の改訂では、知識基盤社会において「生きる力」の育成がますます重要とされ、前述した学力の3要素が示された。

参考文献 加藤幸次編著『教育課程編成論』玉川大学出版社、2010

Q4 中等教育はどのように発展してきたか

　中等教育とは、学校教育を、発達段階（年齢）に応じ初等教育、中等教育、高等教育の3段階に分ける考え方での第2段階のことである。特に中学校を前期中等教育、高等学校を後期中等教育と呼んでいる。

　江戸時代後期には、幕府や諸藩が領内に設けた学校と寺子屋、私塾等が相当整備されていた。このことが学制による全国的、統一的な教育計画とその実施の素地となった。当時の藩校約270校が後の中等・高等諸学校の母体となった。

　近代教育制度が創始された明治5年から12年頃までの中等教育は、中学校下等3年（14歳〜16歳）と上等3年（17歳〜19歳）に二分されていた。

　明治18年内閣制度が創設され、初代文部大臣として**森有礼**が就任し、教育制度の一大改革を実施し、帝国大学令、師範学校令、中学校令が制定され、わが国の学校制度の基礎が確立された。その後、日清戦争や日露戦争を経て近代産業の発達に伴い、中等諸学校や専門学校が急速に発展した。明治32年頃の中等教育は、中等教育機関を①男子の高等普通教育（中学校：5年制）、②女子の高等普通教育（高等女学校：4年制を基本）、③実業教育（実業学校：3年制）の三系統に体系化されていた。

　明治20年の中学校数は48校だったのが、大正5年になると中学校325校、高等女学校478校、実業学校568校、実業補習学校7,368校と急速に拡充された。中等教育の拡充に合わせてその教員の養成も拡充された。

　大正6年頃から昭和11年頃、第一次世界大戦に伴う社会情勢及び国民生活の変化を受け、これに即応する教育の改革について審議、提案がされ、これに基づき、中等学校以上の改革と拡充が急速に進展した。

　昭和11年には中学校559校、高等女学校985校、実業学校1,304校、実業補習学校14,879校であった。

　国民学校と戦時下の教育では、単線型的な学校制度を目指して改革が実施された。昭和18年の「中等学校令」では、従来の中・高女・実業学校を中等学校として統一（修業年限4年制）した。また、太平洋戦争の激化とともに、勤労作業が強化され、学校報国隊の活動をはじめ、学徒の戦時動員体制がさらに強

化された。

　戦後教育の再建（昭和20年～27年頃）では、連合軍司令部の指導・監督と教育刷新委員会の建議により、軍国主義や極端な国家主義を排除し、戦後教育改革の枠組みが形成された。

　昭和22年には学校教育法が制定され、教育の機会均等が実現し、6・3・3制の単線型学校制度が確立された。昭和27年のサンフランシスコ講和条約の締結により、独立国の地位を回復し、占領下の教育政策が見直され、初等中等教育における国の権能が強化された。

　高度経済成長期（昭和34年～40年代中頃）には、経済・科学技術の急速な拡大やベビーブーム世代への対応から教育の量的拡大が推進され、「高等学校標準法」が制定された。これにより、高等学校の定時制・通信制教育が拡大された。

　昭和46年の中教審においては、「今後における学校教育の総合的な拡充整備のための基本的施策について」が答申され、人間の発達過程に応じた学校体系の開発や学校段階の特質に応じた教育課程の改善など、初等・中等教育改革の基本構想を打ち出した。

　平成元年には、完成教育理念から自己教育の基盤形成への教育理念の転換を図り、心豊かな人間の育成、基礎・基本の重視と個性教育の推進などを中心に学習指導要領が改訂された。その後、高等学校の多様化が推進され、平成5年には、単位制高等学校の制度が創設された。

　平成10年度以降、各学校は「ゆとり」の中で「特色ある教育」を展開し、基礎的・基本的な内容を確実に身に付けさせ、自ら学び自ら考える力など「生きる力」を育むとの観点が強調された。

　平成9年、中教審の答申「21世紀を展望した我が国の教育の在り方について」では、中等教育の多様化を一層推進し、生徒の個性をより重視した教育を実現するため、現行の義務教育制度を前提としつつ、中学校と高等学校の制度に加えて、中高一貫教育制度が導入された。

参考文献　国立教育政策研究所『我が国の学校教育制度の歴史について』、2012

Q5 高等学校教育の目的は何か

1 教育の目的

教育の目的については、教育基本法第1条に次のように規定されている。

> 教育は、人格の完成を目指し、平和で民主的な国家及び社会の形成者として必要な資質を備えた心身ともに健康な国民の育成を期して行われなければならない。

ここには、2つの目的が示されている。1つは「人格の完成」である。個人に視点を当て、一人一人の人間がもっている能力を最大限に伸長することを示している。もう1つは「平和で民主的な国家及び社会の形成者として必要な資質の育成」である。個人としての能力を高めるだけでなく、国家・社会の形成者として必要な資質を備えたものでなければならないことを示している。

2 高等学校教育の目的、目標

高等学校教育の目的については、学校教育法第50条に示されている。

> 高等学校は、中学校における教育の基礎の上に、心身の発達及び進路に応じて、高度な普通教育及び専門教育を施すことを目的とする。

同法第51条には高等学校教育の目標として次の3点が示されている。
①義務教育として行われる普通教育の成果を更に発展拡充させて、豊かな人間性、創造性及び健やかな身体を養い、国家及び社会の形成者として必要な資質を養うこと。
②社会において果たさなければならない使命の自覚に基づき、個性に応じて将来の進路を決定させ、一般的な教養を高め、専門的な知識、技術及び技能を習得させること。
③個性の確立に努めるとともに、社会について、広く深い理解と健全な批判力を養い、社会の発展に寄与する態度を養うこと。

高等学校では、「高度な**普通教育**」及び「**専門教育**」を施すことを目的とし

ている。これによって「一般的な教養を高めること」と「専門的な知識、技術及び技能を習得させること」などを目標としている。これらの目的、目標は、課程、学科を問わず共通である。

3 普通教育と専門教育

　小・中学校教育においては、「小学校は、心身の発達に応じて、義務教育として行われる普通教育のうち基礎的なものを施すことを目的とする。」（同法第29条）、「中学校は、小学校における教育の基礎の上に、心身の発達に応じて、義務教育として行われる普通教育を施すことを目的とする。」（同法第45条）とそれぞれ規定され、発達段階に応じて普通教育を施すことを目的としている。
　これに対して、高等学校では、普通教育とともに、小・中学校では行われない専門教育を行うことを目的としている。
　普通教育と専門教育をどのように行うかについては、学科によって異なる。高等学校設置基準第5条に、高等学校の学科として、普通教育を主とする学科（普通科）、専門教育を主とする学科（専門学科）、普通教育及び専門教育を選択履修を旨として総合的に施す学科（総合学科）の3学科が規定されている。
　各学科に設置する教科・科目については、学校教育法施行規則に規定され、「各学科に共通する各教科」と「主として専門学科において開設される各教科」に分類して示されている。
　各学科の教育課程については、学習指導要領に規定されている。専門学科では、「専門教科・科目について、すべての生徒に履修させる単位数は、25単位を下らないこと」と示され、一定レベルの専門教育を行うことが求められている。また、総合学科では、「「産業社会と人間」及び専門教科・科目を合わせて25単位以上設け、生徒が多様な各教科・科目から主体的に選択履修できるようにすること」と示され、普通教育と専門教育との割合を生徒が自ら選択できるようにすることが求められている。普通科については特に規定がなく、各学校において地域や学校の実態、生徒の心身の発達段階及び特性等を考慮して教育課程を編成することとされている。

Q6 高等学校にはどのような課程があるか

　高等学校の課程については、学校教育法第53条に、「高等学校には、全日制の課程のほか、定時制の課程を置くことができる。」、第54条には、「全日制の課程又は定時制の課程のほか、通信制の課程を置くことができる。」と規定されている。

　高等学校の定時制・通信制教育は、戦後、就業等のために全日制高等学校に進学できない青年に後期中等教育の機会を提供するものとして制度化され、高等学校教育の普及と教育の機会均等の理念を実現する上で、大きな役割を果たしてきた。

1　全日制課程

　学校の教育課程のうち、平日昼間に授業を行う課程のこと。通常、高等学校などでの教育課程と言うと全日制課程のことである。

　全日制課程における各教科・科目及びホームルーム活動の授業は、年間35週行うことを標準とし、週当たりの授業時数は、30単位時間を標準としている。ただし、必要がある場合には、これを増加することができるとあり、最近は土曜日に授業を実施している学校もある。

　なお、高等学校在学中に単位の修得を認定された各教科・科目については、原則としてそれを再び履修し修得する必要はなく、修得した単位は、全日制、定時制及び通信制の各課程の相互間に共通して有効であり、転学や転籍の際には修得した単位に応じて、相当学年に転入することができる。

2　定時制課程

　定時制課程は、当初、勤労や家事に従事している青年を対象に全日制課程とまったく同じ目的や教育内容のもとに、高等学校教育の機会を広く保障するという趣旨で設けられた。高等学校の修業年限の弾力化を図るため、昭和63年3月、文部省令6号で「学年による教育課程の区分を設けない課程（「単位制による課程」と呼称）」を設けることができるようになり、単位制の課程の導入

や単位制の活用により修業年限「3年以上」の教育課程編成が可能となった。

　定時制の課程においては、勤労青年のほか、多様な入学動機を持つ者、生涯学習の一環で学ぶ者など、生徒の実態が多様化している。このことを踏まえ、教育課程編成上の工夫や、個に応じた指導を充実する観点から、定時制の課程における授業の週数・日数や時数の取扱いを弾力的に運用できるよう授業日数の季節的配分や週当たり又は1日当たりの授業時数については、生徒の勤労状況と地域の諸事情等を考慮して、適切に配当するものとしている。一般的には、1日の授業を4単位時間の時間帯として、1単位時間を50分、年間38週の授業を行う学校が多い。

　また、定時制課程の生徒が、自校の通信制課程又は他校の通信制課程において一部科目の単位を修得した場合、当該校長の定めるところにより、その単位数を自校の卒業に必要な単位数に含めることができる定通併修制度がある。

　近年、中途退学や不登校の増加を背景に、全日制課程になじめない生徒、学習習慣が身に付いていない生徒などの学びの場として、夜間の時間帯以外に、午前の部、午後の部といった昼間部を置く定時制課程の高等学校が増えている。

3　通信制課程

　通信制課程の制度は、全日制課程や定時制課程の高等学校に通学することができない青少年に対して、通信の方法により高等学校教育を受ける機会を与えるものとして、昭和23年の6・3・3制の学校制度と同時に発足した。

　通信制課程の教育課程も、高等学校教育としての適用を受けるものであるが、教育方法は添削指導、面接指導、放送その他の多様なメディアを利用した指導及び試験が中心であり、全日制課程や定時制課程のような授業は原則として行われない。

　通信教育では添削指導と面接指導が教育・学習の中心である。添削指導では生徒の学習状況を把握し、何が理解でき、何が理解できないか、生徒の基礎学力は十分かどうかを指導している。また、面接指導では、一人一人の生徒の実態を把握し、個々の生徒の持つ学習上の弱点について十分考慮し、自宅学習への示唆を与えたりするなどの指導を行っている。

Q7 高等学校にはどのような学科があるか

高等学校の学科については、高等学校設置基準第5条に次のように規定されている。

> 高等学校の学科は次のとおりとする。
> 一　普通教育を主とする学科
> 二　専門教育を主とする学科
> 三　普通教育及び専門教育を選択履修を旨として総合的に施す学科

1 普通科

高等学校設置基準第6条第1項において、普通教育を主とする学科を、**普通科**と規定している。

普通科では、国語・地理歴史・公民・数学・理科・保健体育・芸術・外国語・家庭・情報という主に「各学科に共通する各教科」による教育活動が行われている。これらの教科のほかに、総合的な学習の時間や特別活動があり、卒業までに修得させる単位数は、「各教科に属する科目」の単位数と「総合的な学習の時間」の単位数を含めて74単位以上とされている。

また、普通科においても、地域や学校の実態、生徒の特性、進路等を考慮し、必要に応じて、適切な職業に関する各教科・科目の履修の機会の確保について配慮することになっている。

2 専門学科

専門教育を主とする学科の類型（大学科）については、高等学校設置基準第6条第2項に規定されている。

以前は、国によって「高等学校学習指導要領」に「職業教育を主とする学科のうち標準的なもの」として具体的な学科（小学科）が示されていたが、地域や学校の実情に応じた特色ある学科の設置が促されるように、高等学校学習指導要領については平成15年度の施行から、高等学校設置基準については平成16

年の改正から示されなくなった。

　なお、専門教育を主とする学科については、特別支援学校の高等部にも設置されており、これについては、特別支援学校の高等部の学科を定める省令第2条第2項に示されている。

　専門高校に分類される学科には、職業教育を主とする学科として、農業、工業、商業、水産、家庭、看護、情報、福祉に関する8学科があり、それ以外の学科として理数、体育、音楽、美術、外国語、国際関係及び、その他専門教育を施す学科として適当な規模及び内容があると認められる学科などがある。

　専門学科における専門教科・科目の必履修単位数は、25単位を下らないこととされている。また、総合的な学習の時間の履修により、農業、工業、商業、水産、家庭若しくは情報の各教科に属する課題研究等の履修と同様の成果が期待できる場合においては、総合的な学習の時間の履修をもって課題研究等の履修の一部又は全部に替えることができる。

　職業教育を主とする学科においては、職業に関する各教科・科目については、実験・実習に配当する授業時数を十分確保することとされている。

3　総合学科

　高等学校設置基準第6条第3項において、普通教育及び専門教育を選択履修を旨として総合的に施す学科を、**総合学科**と規定している。

　総合学科とは、一般的学習である普通教育と専門的学習である専門教育を総合的に施す学科のことである。総合学科においては、学年による教育課程の区分を設けない課程（「単位制による課程」という）とすることを原則とするとともに「産業社会と人間」及び専門教科・科目を合わせて25単位以上設け、生徒が多様な各教科・科目から主体的に選択履修できるようにすることとされている。その際、生徒が選択履修するに当たっての指針となるよう、体系性や専門性等において相互に関連する各教科・科目によって構成される科目群を複数設けるとともに、必要に応じ、それら以外の各教科・科目を設け、生徒が自由に選択履修できるようにすることとされている。

Q8 高等学校の個性化・特色化はどのように進められているか

　今日、高等学校への進学率は約97％になり、生徒の能力・適性、興味・関心、進路等は極めて多様化している。このような多様な生徒の実態に対応して、各学校が生徒それぞれの個性を最大限に伸長させるため、生徒のニーズを探り、学習の選択幅をできる限り拡大して、多様で魅力と特色ある学校づくりを実施している。

　昭和60年、臨時教育審議会の第一次答申で、「6年制中等学校の設置」、「単位制高等学校の設置」について提言されて以降、様々な教育改革が行われ、単位制高等学校や総合学科高等学校など新しいタイプの学校をはじめとする特色ある学校や特色ある学科・コースが設置された。

1 総合学科高等学校

　総合学科は、普通科及び専門学科と並ぶ新しい学科として平成6年度から設置されており、平成27年度までに全日制333校、定時制38校が設置されている。
　教育の特色としては、以下のことが挙げられる。
①普通科目と専門科目にわたる幅広い選択科目の中から自分で科目を選択し学ぶことが可能であるため、生徒の個性を生かした主体的な成就感を体験させる学習が可能となること。
②将来の職業選択を視野に入れた自己の進路への自覚を深めさせる学習を重視すること。

2 単位制高等学校

　単位制高等学校は、学年による教育課程の区分を設けず、かつ学年ごとに進級認定は行わないで、卒業までに決められた単位を修得すれば卒業を認める学校である。昭和63年度から定時制・通信制課程において導入され、平成5年度からは全日制課程においても設置が可能となった。平成27年度までに全日制課程は591校、定時制課程92校が設置されている。
　単位制高等学校の特色としては、

①決められた必修科目以外は、自分の学習計画に基づいて、学びたい曜日・時間に、自分の興味、関心に応じた科目を選択し学習できること。
②学年の区分がないため留年がなく、自分のペースで学習できること。
③学科ごとの入学・卒業、転・編入学の受入れ、過去に在学した高等学校において修得した単位の累積加算などが認められること。

などがあり、総合学科高等学校と同様に、今後、数多く設置されることが期待されている。

3　中高一貫教育校

　中高一貫教育は、中等教育の一層の多様化を推進し、生徒一人一人の個性をより重視した教育を実現するため、平成11年度から制度化されており、平成25年度までに450校が設置されている。中高一貫教育校には、①修業年限6年の学校として、一体的に中高一貫教育を行う中等教育学校、②高等学校入学者選抜を行わず、同一の設置者による中学校と高等学校を接続する併設型中高一貫教育校、③既存の市町村立中学校と都道府県立高等学校など、異なる設置者による中学校と高等学校が、教育課程の編成や教員・生徒間交流などの面で連携を深める形で、中高一貫教育を実施する連携型中高一貫教育校の三つの形態がある。

4　三部制の定時制高等学校

　小・中学校での不登校や高等学校での中途退学を経験した生徒など、これまで能力や適性を十分に生かしきれなかった生徒が、自分の目標を見付け、それに向かってチャレンジできるよう、三部制の定時制課程の総合学科高等学校として、チャレンジスクール（東京都）やフレキシブルスクール（神奈川県）等が設置されている。

5　その他

　それ以外に、これまで力を発揮できなかった生徒のやる気を育て、社会生活を送る上で必要な基礎的・基本的学力を身に付けることを目的とした高等学校として、エンカレッジスクール（東京都）などが設置されている。

参考文献　文部科学省『平成18年度文部科学白書』、2007

Q9 学習指導要領の教育課程はどのように変遷してきたか

　学習指導要領は、文部科学大臣が文部科学省告示で定めた教育課程の基準である。学校教育法施行規則に基本事項が定められ、学習指導要領には、各教科・科目の目標、内容の取り扱いが示されている。
　これまでの学習指導要領の変遷を以下に示す。

1　昭和22年、昭和26年（試案）の教科編成

　昭和24年頃の学校種別の教科を以下に示す。中学校では、「職業」が必修教科、選択教科として示されている。昭和26年（試案）では、「自由研究」が小学校では「教科以外の活動」、中学校では「特別教育活動」に改められた。

小学校	国語、算数、社会、理科、音楽、図画工作、家庭、体育、自由研究
中学校	必修：国語、習字、社会、国史、数学、理科、音楽、図画工作、体育、職業（農業、工業、商業、水産、家庭）　選択科目：外国語、習字、職業、自由研究
高等学校	国語、社会、数学、理科、体育、芸能（音楽、図画、書道、工作）、家庭、外国語 農業、工業、商業、水産、家庭技芸、その他職業に関する教科

2　昭和33～35年の改訂

　本改訂では基礎学力重視の方針が示された。中学校の職業・家庭科が技術・家庭科に改編され、選択教科は外国語、農業、工業、商業、水産、家庭、薬業、数学、音楽、美術となった。小・中学校の教科以外の教育活動に「道徳」が加わり、中・高等学校の「特別教育活動（学級活動、生徒会活動、クラブ活動）」が明記された。高等学校では、倫理社会が新設された。

3　昭和43～45年の改訂

　米ソの宇宙開発競争が激化し、科学技術への関心が高まり、教育内容の充実が望まれ、授業時数の増加と指導内容の改善が図られた。小学校では、理数教育の充実が図られ、総授業時数が5,821時間に改められた。また、中学校では、社会科や理科で科目の分野化が図られ、総授業時数は3,535時間に改められた。

4　昭和52〜53年の改訂

学校教育についていけない児童生徒が多くなり、学習内容の改善が叫ばれ、［ゆとり教育］が提唱された。総授業時数は、小学校では5,785時間、中学校では3,150時間に削減された。中学校の選択教科に「その他特に必要な教科」が導入され、高等学校では科目履修基準が緩和された。

5　平成元年の改訂

本改訂では、「個性を生かす教育を目指し、社会の変化に自ら対応できる心豊かな人間の育成」が掲げられた。小学校では第１学年と第２学年の理科、社会を廃止し生活科に改められた。高等学校では、社会科が地理歴史科と公民科に再編され、家庭科は男女必修となった。また、理科は総合理科、物理ＩＡ又はＩＢ、化学ＩＡ又はＩＢ、生物ＩＡ又はＩＢ、地学ＩＡ又はＩＢの５科目から異なる２科目を履修する教育課程に改められた。

6　平成10〜11年の改訂

学習内容の精選が提言され、完全学校週５日制が導入された。ゆとりの中で生きる力を育むという理念のもと、総授業時数は、小学校では5,367時間、中学校では2,940時間へと大幅に削減され、教育内容の厳選が図られた。小学校第３学年以上では、教科以外の教育活動として「総合的な学習の時間」が新設された。高等学校では、普通教科「情報」、専門教科「福祉」及び「情報」が新設された。

7　平成20〜21年の改訂

21世紀は、「知識基盤社会」の時代であると言われ、確かな学力、豊かな心、健やかな体の調和を重視する「生きる力」を育むことがますます重要であるとの提言がなされた。小学校高学年では外国語活動が新設された。義務教育における総授業時間数は、小学校では5,645時間、中学校では3,045時間へと増加され、基礎学力の向上が図られている。

2章

工業教育の特色

Q10 職業教育にはどのような意義があるか

中央教育審議会「今後の学校におけるキャリア教育・職業教育の在り方について（答申）」（平成23年）に示された内容に基づいて、職業教育について検討してみたい。

1 職業教育の定義

職業教育について、次のように定義することができる。

> 一定又は特定の職業に従事するために必要な知識、技術、技能や態度を育てる教育

仕事に就くためには、社会的・職業的自立に向けて必要な基盤となる能力や態度だけではなく、それぞれの専門性を高め必要な専門的な知識・技能を身に付けることが不可欠である。

職業教育は、自己の興味・関心に基づいた専門的な知識・技能を習得し、社会で自己の役割と責任を発揮し、生涯にわたって学び続ける態度を育成する教育と言える。

2 生涯学習社会と職業教育

職業教育を考える際に留意すべきことは、基本的な生活習慣などを育てる幼児期からの家庭教育、将来の職業に向けた専門性を醸成する学校教育及び専門力をさらに強化する社会教育を踏まえた生涯学習の観点から教育の在り方を考えることである。以下に、生涯学習の視点でみた職業教育の考え方を示す。

家 庭	学 校	社 会 [生涯学習]
生活習慣の確立 （社会に出るための躾） [基本的な生活習慣]	知識・技能、態度の習得 （将来への専門性の醸成） [専門知識・技能の確立]	役割と責任の発揮 （生計の維持） [専門力の強化]

3　職業教育とキャリア教育との違い

職業教育の同意語として、キャリア教育が用いられる感がある。そこで職業教育とキャリア教育の違いを以下に示す。

	職業教育	キャリア教育
育成する力	一定又は特定の職業に従事するために必要な知識、技能、能力や態度	一人一人の社会的・職業的自立に向け、必要な基盤となる能力や態度
教育活動	具体の職業に関する教育を通して行われる。社会的・職業的自立に向けて必要な基盤となる能力や態度を育成する上でも、極めて有効である。	普通教育、専門教育を問わず様々な教育活動の中で実施される。職業教育も含まれる。

4　専門学科における職業教育

専門学科は、職業との関連が深い実践的な教育を行うことにより、専門的な知識・技能や創造力、応用力を育成する。今後の専門学科においては、以下のような人材育成を行うことが求められている。

①卒業後更に高度な知識・技能を身に付け、将来の専門的職業人として活躍できる人材の育成
②卒業後それぞれの職業に就き、地域の産業・社会を担う人材の育成

5　普通科における職業教育

普通科における職業教育については、高等学校学習指導要領・総則に次のように示されている。

普通科においては、地域や学校の実態、生徒の特性、進路等を考慮し、必要に応じて、適切な職業に関する各教科・科目の履修の機会の確保について配慮するものとする。

参考文献　中央教育審議会『今後の学校におけるキャリア教育・職業教育の在り方について（答申）』、2011

Q11 職業教育にはどのような支援がなされているか

1 職業教育の進展

　幕末から明治初期にかけ藩校や私塾では西洋式の科学技術を取り入れた教育が始まり、各藩では外国人技術者を招聘して産業の近代化を進めた。

　明治5年に「学制」が発布され、全国一律に新たな西欧の実学を取り入れた基礎教育が実施された。その後、産業拡大を支える多くの人材育成が求められ、明治26年に実業補習学校規程、明治27年に徒弟学校規程がそれぞれ公布された。明治27年に尋常中学校実科規程が公布され、実科中学校制度が新設された。同時に、明治27年に実業教育費国庫補助法が公布され、本法律は実業教育の振興に画期的な役割を果たした。

　さらに、明治32年には実業学校令を公布、明治36年には専門学校令が制定され、職業教育の体系が確立した。

　戦後、新教育制度が始まり、昭和25年に実業教育費国庫補助法が廃止となった。しかし、産業教育の振興に対する強い要望を受け、昭和26年に**産業教育振興法**が制定された。その趣旨は、「勤労に対する正しい信念を確立し、産業技術を習わせるとともに工夫創造の能力を養い、もって経済自立に貢献する有為な国民を育成する。」ことである。本法律の制度によって職業教育の充実、発展が図られた。

2 産業教育の範囲

　産業教育振興法第2条では、産業教育の範囲が次のように規定される。

> この法律で「産業教育」とは、中学校（中等教育学校の前期課程及び特別支援学校の中等部を含む。）、高等学校（中等教育学校の後期課程及特別支援学校の高等部を含む。）大学又は高等専門学校が、生徒又は学生等に対して、農業、工業、商業、水産業その他の産業に従事するために必要な知識、技能及び態度を習得させる目的をもって行う教育（家庭科教育を含む。）をいう。

3　産業教育の振興策

産業教育振興法第3条に、国は、以下の事項について、産業教育の振興を図るよう努めなければならないことが示されている。

> ①産業教育の振興に関する総合計画を樹立すること。
> ②産業教育に関する教育の内容及び方法の改善を図ること。
> ③産業教育に関する施設又は設備を整備し、及びその充実を図ること。
> ④産業教育に従事する教員又は指導者の現職教育又は養成の計画を樹立し、及びその実施を図ること。
> ⑤産業教育の実施については、産業界との協力を促進すること。

これにより、昭和30〜40年代には、職業教育に関する高校が増設されるとともに、時代の要請に合った実習施設・設備、研修センター等が導入され、中堅技術者の養成を目指した職業教育が推進された。

4　産業教育施設・設備に関する国の補助制度

産業教育施設・設備の整備に対する国の支援策として、高等学校の設置者が産業教育のための実験実習施設・設備を整備する場合、国は、その整備に要する経費の一部を補助している。

補助の対象となるのは、専門学科及び総合学科等における産業教育のための実験実習に必要な事業であり、現在、国は必要な経費の3分の1を補助している。

5　生徒の共同実習、教員の実技研修センターの設置

科学技術の進展に伴い、職業教育のさらなる充実を図るためには、生徒に高度先端機器を用いた実験・実習や情報技術に関する教育を行うことが必要となってきた。このため、共同実習所、情報処理教育センター、総合技術教育センター等が設置され、より高度で実践的な実習が行われ、産業現場で必要とされる工業技術に関する知識と技術の習得が図られるようになった。

また、職業教育の充実には専門教科の教員の指導力の向上が不可欠であることから、これらの施設において、産業教育、情報教育に関する教員研修も実施されるようになった。

参考文献　小林一也『資料日本工業教育史』実教出版、2001

Q12 工業教育の特色は何か

1 近代産業の創出

　日本は、古来より木造建築技術、陶器製造技術、金属鋳造技術、絹織物製造技術など様々な技術が伝承され、地場産業を中心とした製造業が発達した。

　明治初期には、官営工場の技術者養成のため、外国人技術者を招聘し、実践教育や技術教育が行われた。その根底には、日本の職業人としての誇り・技能・工夫・器用さがあり、これらに裏付けされた新たな製造技術、工業製品が生み出されてきた。

　日本の工業は、江戸時代からの地方産業や家内工業から絹織物を代表する軽工業へと展開し、明治中期に繊維、造船、製鉄の官営工場が払い下げられ、急速に重工業へと進化した。昭和中期には、高度成長を成し遂げ経済大国となり、今日、情報社会を迎え、情報産業が台頭し、情報通信ネットワークを駆使した国際分業時代へと移行した。

2 工業教育の視点

　工業教育は、自然科学の原理・原則に従って、人の手、先人が生み出した知恵を生産に生かし、人類の幸せを実現しようとする営みである。

　工業教育は、基礎・基本の知識、技能の実践力を高める実験・実習を行いながら、ものづくりの原理や法則である自然科学の現象を理解し、ものづくりに関する諸課題の解決を図る実践教育である。

　工業技術においては、理論に基づく再現性、製造に関する確実性が求められる。工業教育を進めるに当たっては、これらの能力を身に付けさせるとともに、新しい技術や知識を取り入れた製品の開発、改善、改良を行う創造性、社会を支える実践力や態度の育成が求められる。

　以上のことを整理すると、工業教育は次のような学習で構成されていると言える。

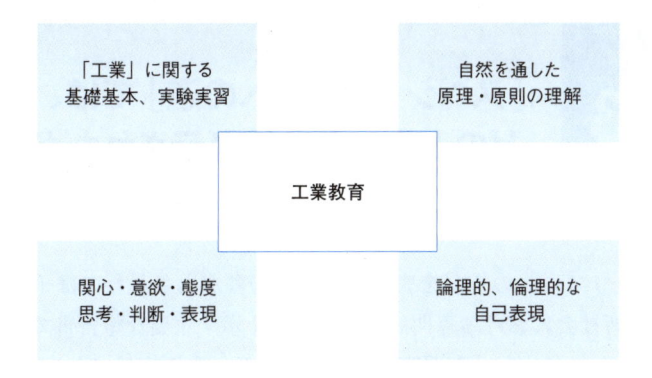

```
           「工業」に関する              自然を通した
           基礎基本、実験実習           原理・原則の理解

                        ┌──────────┐
                        │  工業教育  │
                        └──────────┘

           関心・意欲・態度            論理的、倫理的な
           思考・判断・表現                自己表現
```

3　工業教育における留意事項

　工業教育を進める上で留意すべき点を以下に示す。
　まず、観察、実験、実習、見学など体験活動を重視した実践的な教育を行うことが重要である。工業教育の特色を紹介する。

【ダ・ヴィンチから学ぶ】
　レオナルド・ダ・ヴィンチは、観察を通して、様々な自然現象を解析し法則性や規則性を捉えた。ダ・ヴィンチは常にノートを持ち歩き、目にとまったものを何でも記録した。ここで重要なのは、文字と図を駆使して、考察や推論を書き留めたことである。現代科学では、イメージ（画像）やメディアを利用することは不可欠であり、それを図式化し、さらに実験やシミュレーションを行うことが大切である。

　次に、単にものを作るだけでなく、正確な計測、測定、定量、製造が求められる。精度の追求や科学的な見方、考え方を身に付けることが極めて重要である。その一つに誤差の存在がある。

【誤差の存在を認知する】
　工業製品には一つとして同じものはない。測定に伴う誤差等、測定誤差の原因を理解させる指導が必要である。また、測定の繰り返しによるばらつきの意味を理解すること、実験で使用する測定器は校正によって系統誤差を小さくできることを知ることなども重要である。

Q13 「スペシャリストへの道」では、どのような方向性が示されたか

　「スペシャリストへの道」を表題とする報告書が出されたのは平成7年である。生涯学習社会における専門高校の在り方を示す重要な報告書である。
　「職業高校」の名称が**専門高校**に改められ、専門高校において、「将来の**スペシャリスト**」として必要とされる専門性の基礎・基本の教育に重点を置き、ここで学んだことを基礎に、卒業後も職場や大学等の教育機関において継続して教育を受けるなど、生涯にわたり専門能力の向上に努めることが重要であるとして、専門高校における課題と方策が示された。ポイントは以下のとおりである。

1　今なぜスペシャリストが求められるのか

　「技術革新、国際化、情報化、少子化、高齢化等により、わが国の社会は大きく変化してきており、それに伴い就業構造の変化や必要とされる専門能力の高度化が進み、高度の専門的な知識・技術を有する人材（スペシャリスト）がこれまで以上に必要とされるようになってきている。」と述べられ、専門高校卒業生が将来のスペシャリストとして期待されていることが示されている。

2　生涯学習社会における職業教育はどう在るべきか

　「今日、社会の変化は目覚ましく、これに対応するためには、職業教育は人生のごく初期におる学校教育だけではなく、高等学校卒業後継続して高等教育等を受けたり、**リカレント教育**や企業内での訓練・研修等を受けることにより、生涯を通して絶えず新たな知識・技術の習得に努める必要が生じている。」と述べられ、高等学校卒業後も継続して教育することの重要性が示されている。

3　なぜ「職業高校」から「専門高校」へ呼称を変えるのか

　「今日の急速な社会の変化に対応するためには、学校教育終了後も生涯にわたり職業能力の向上に努める必要がある。また、これからの時代、自分の人生を切り開いていくためには、専門能力を身に付け、これをいかに活用すること

ができるかがより重要になってくると考えられる。このことから、職業高校における職業教育も、現実の産業界から求められる知識・技術の水準を視野に入れながら、スペシャリストとなるための第1段階として、必要とされる専門性の基礎的・基本的な教育に重点を置く必要が高まっている。したがって、従来の「職業高校」という呼称を、「専門高校」と改めることにより、このような考え方を明確にする必要がある。」と述べられ、専門性の基礎的・基本的な教育に重点を置かなければならないことを明らかにするため、呼称を変更することが提案された。

4 職業教育についての認識がどう変わったか

「初等中等教育における職業教育は専門高校においてのみなされるべきもの、という従来の認識を改め、職業教育はすべての人にとって不可欠な基礎的・基本的な教育であり、小学校、中学校及び高等学校の普通科、総合学科においても、各学校段階の子供の発達段階に応じ、働くことの喜び、楽しさ、苦しさやその意義を学び、職業生活を送るための基礎的な知識・技術の習得を図るとともに、職業教育を生涯を通して適時に行われる教育・学習として捉え直し、一層の充実を図る必要がある。」と述べられ、職業教育はすべての人を対象に行うものであることが示されている。

5 専門高校における職業教育はどう在るべきか

「専門高校においては、社会の変化や産業界から求められる知識・技術の水準を視野に入れながら、将来のスペシャリストとして必要とされる専門性の基礎的・基本的な教育に重点を置く必要があると同時に、そこで学ぶ生徒は、自ら学ぶ意欲や社会・経済の変化に主体的に対応できる能力を身に付けて、卒業後も職業生活に必要な知識・技術に関する学習を継続していく必要がある。さらに、専門高校卒業後、高等学校専攻科や、大学、短期大学、専修学校といった教育機関での学習を希望する生徒に対して、その専門的知識・技術を発展させるため、広く学習継続の道を開くことが重要である。」と述べられ、専門高校における職業教育は、ここで完結するのではなく、継続教育を前提に行われるべきであることが示されている。

参考文献　『―スペシャリストへの道―職業教育の活性化方策に関する調査研究会議（最終報告）』、1995

Q14 工業教育における専門性の基礎・基本とは何か

　「―スペシャリストへの道―職業教育の活性化方策に関する調査研究会議(最終報告)」において、職業教育について次のように述べられている。
　「職業教育は職業高校の生徒だけでなく、すべての人にとって職業生活を送る上で必要なものであり、また、今日の急速な社会の変化に対応するためには、学校教育終了後も生涯にわたり職業能力の向上に努める必要がある。また、これからの時代、自分の人生を切り開いていくためには、専門能力を身に付け、これをいかに活用することができるかがより重要になってくると考えられる。このことから、職業高校における職業教育も、現実の産業界から求められる知識・技術の水準を視野に入れながら、スペシャリストとなるための第1段階として、必要とされる専門性の基礎的・基本的な教育に重点を置く必要が高まっている。」
　この報告書に示された「専門性の基礎的・基本的な教育」とは何かということを検討してみたい。工業の専門教科・科目の教育課程の構成は、例えば、次のように整理することができる。

①ものづくりへの関心を高め、工業技術の基本を身に付ける学習
②各学科の根幹となる基礎的な知識と技術にかかわる学習
③各学科の専門の周辺分野に触れる学習
④技術革新や国際化、情報化、環境・エネルギー問題に対応した学習
⑤職業資格の取得を目指す学習
⑥自ら課題を見付け、その解決を図る創造的な学習
⑦工業の発展に貢献していこうとする職業観を培う学習

　これらの学習に対応する科目について機械科を例に当てはめてみると、次のように例示できる。

①は「工業技術基礎」「情報技術基礎」「工業数理基礎」
②は「機械工作」「機械設計」「原動機」「機械製図」「機械実習」
③は「電子機械」「自動車工学」「生産システム技術」「材料技術基礎」など
④は「工業技術英語」「環境工学基礎」「先端技術にかかわる学校設定科目」など
⑤は「課題研究」「資格取得にかかわる学校設定科目」
⑥は「課題研究」
⑦は「インターンシップにかかわる学校設定科目」

　③と④は選択科目として必要に応じて履修させることが考えられる。
　⑤と⑦は学校外における学修としてその成果を単位認定することも可能である。
　これらの科目をすべて履修すると最低でも40単位にも及ぶ。
　専門教育を幅広くまた手厚く行う学科では、①から⑦のバランスを考慮しながら35～40単位程度を履修する。
　実習等の体験的な学習を多く行い実践力を身に付けさせようとする学科では、①②⑥⑦などに十分な時間をかけ35～40単位程度を履修する。
　学科の基礎・基本に重点を置き関連する資格取得を目指す学科では、①②⑤⑥を中心に30～35単位程度を履修する。
　大学等への継続教育を視野に入れ将来の専門的職業人の育成を目指す学科では、普通教科・科目の充実を図りつつ専門教科・科目は精選して25～30単位程度を履修する。
　専門性の基礎・基本については、地域の実態、学校の理念、学科の特徴、目指す生徒像、進路状況などに配慮しながら、各学校で判断する必要がある。

Q15 工業科で身に付けさせる資質・能力とは何か

　工業科において身に付けさせるべき能力は何かについて、生涯学習の基礎を培うという視点に立ち、整理してみたい。
　工業の各学科に関する基礎的・基本的な知識・技能とともに、学ぶ力としては、知識を活用する科学的思考力や判断力、学んだことを伝える表現力やコミュニケーション能力、創意工夫しアイディアを生み出す創造性や問題解決能力、情報から価値を見出す情報活用能力などが挙げられる。また、学びに向かう力としては、主体的な学習態度や学習意欲、ものづくりに対する感性、興味・関心などが挙げられる。職業人・社会人として必要な力としては、技術者としての倫理観、勤労観・職業観、自立心、社会貢献の精神、協調性などが挙げられる。
　これらの中から、特に工業教育の特徴が表れたものとして、感性、創造性、自立心などに着目し、工業教育がもたらす成果を検証してみたい。

1　工業技術者としての感性の育成

　人間は体験を通して感性を豊かにしていく。感性とは外界からの刺激に対する感受性のこと、ものの価値を感じ取る直感的な心の動きのことである。人間は視覚、聴覚、味覚、嗅覚、触覚などの感覚器官を働かせ、身体全体で事物や事象に働きかけて学んでいく。
　子供の学びの過程は、まず、体験を通して感覚的に外界の事物や事象を捉え、感覚として捉えたものから考えをめぐらし、理屈に置き換え概念化する。さらに、そこで学んだことを実生活と結び付けて実践する。これによって学びが成立する。体験が十分でないと、事象を実感として捉えることができないまま、概念化された理屈だけを教え込まされることになる。イメージを形成しようとしてもなかなか理解が深まっていかないし、記憶にも残らない。興味や意欲にもつながっていかない。五感で感じ取る直接体験が最も重要である。
　工業教育では、実験・実習など体験的に学ぶ機会が豊富にあり、これを通して科学の不思議と出会い、技術の大切さや習得の喜びを感じながら、工業技術者としての感性を育んでいる。

2　ものづくりを通した創造性の育成

　グローバル化と科学技術の高度化が進展する中で、これまでの「工業化社会」のように規格品を大量に作るだけでは価値を生み出しにくくなってきている。いかにして付加価値のあるものを創り出していくか、価値あるサービスを生み出していくかということが求められている。

　こうした時代の要請に対応して、平成10年の学習指導要領改訂により、工業科の目標は、「いかに作るか」から「どのようなものをいかに作るか」という能力を重視するよう改善された。

　創造性とは、価値あるものを新たに生み出すための源泉となる能力とその基礎となる態度を合わせたものとして捉えることができる。ものづくりには、創造性が発揮される。その際、手順や方法の基礎・基本は大切にしつつ、生徒が自ら考え創意工夫できる範囲を広げる指導の工夫が求められる。

3　社会的な自立と職業観の育成

　自立には、身体的自立、行動の自立、精神的自立、経済的自立、社会的自立、職業的自立などが挙げられる。身体的自立とは幼児期に排泄の方法を学び排泄器官の自律性ができあがること、行動の自立とは日常の生活習慣が確立して一人で行動できるようになること、精神的自立とは自らの判断に基づいて価値を選択し行動できるようになることである。

　こうした自立の過程を経て、職業に就き、経済的自立や社会的自立を達成する。社会的自立及び経済的自立に当たっては、職業に就くことを伴うことから、職業的な発達、職業観・勤労観の確立が重要となり、社会的自立には職業的自立が包含される。青年期は職業についての希望を形づくり、明らかにしていく時期である。

　工業高校生は、職業教育を受ける過程で社会的・職業的自立が促されていく。成長の過程で職業教育を受けることにより、社会に出ていく覚悟を固め、自ら目指す進路を明確とし、目的意識を高めている。

参考文献　巽公一『工業教育 Vol.50、No.295〜298』全工協会、2014

Q16 工業科にはどのような学科があるか

　工業に関する学科は、高等学校設置基準（平成16年文部科学省令第20号）に規定されている専門教育を主とする学科の１つであり、教科としての工業科は扱う範囲が広い。例えば、高等学校学習指導要領（平成21年告示）に示されている国語科の科目数は６科目であるが、工業科は61科目である。このため、工業高校では分野ごとに専門的に学習する学科（小学科）を設けている。小学科を大きく分類すると、表１に示すとおり機械系、電気・電子・情報技術系、建築・土木系、化学・材料系、繊維・インテリア・デザイン系、その他の系にまとめることができる。

　生徒は機械科、電気科等の各小学科に属してその分野を学習する。小学科の構成は学校ごとに地域性や時代の変化に対応したものになっている。

　工業科を指導する教諭の免許状の種類は「工業」であるため、工業科の科目のすべてを担当することが可能であるが、実際には各教員は自分の専門分野に関連する小学科で指導している。教員定数の計算や人事異動なども小学科ごとに行われることもある。

　工業高校は、将来の専門的職業人に求められる専門性の基礎・基本に重点を置いた職業教育を行ってきており、これまで幅広い分野で産業・社会を支える人材を輩出し、我が国の産業・社会の発展を支える原動力となってきた。

　高校生のうち工業科で学ぶ生徒の割合は、昭和40年代のピーク時には、12.3％（624,000人）であったが、その後、大学進学をはじめ上級学校への進学率の増加等の影響により、平成27年度には7.7％（254,521人）まで減少している。また、工業科を設置する学校数も925校から636校へと減少している。少子化が進み、高等学校の生徒数が減少する中、各都道府県で進められている公立高等学校の再編整備の影響を受けていることが伺える。

参考文献　（財）産業教育振興中央会『高等学校産業教育ハンドブック』、2009

表1　工業に関する学科の主な例

大分類	小分類	学科の例
機械系	機械関係	機械科・機械工学科・生産工業科・機械技術科・産業機械科・機械制御科
	電子機械関係	電子機械科・メカトロニクス科・機械システム科・生産システム科・情報機械科
		工業計測科・自動制御科・制御システム科・機械電気システム科・システム工学科
	自動車関係	自動車科・自動車工学科・自動車整備科・交通工学科・オートモビル工学科
	造船関係	造船科
電気・電子・情報技術系	電気関係	電気科・電気工学科・電気電子科・電気エネルギー科・電気情報システム科
		電気システム科・電気情報工学科・総合電気科
	電子関係	電子科・電子工学科・電子工業科・電子通信科・電子家庭科
		通信工学科・電子制御科・ハイテク電子科
	情報技術関係	情報技術科・情報科学科・情報システム科・コンピュータ科・情報電子科
		情報処理科・情報科・情報工学科・情報メディア科
建築・土木系	建築関係	建築科・建設工学科・建築システム科・建築デザイン科・伝統建築科（専攻科）
	設備工業関係	設備工業科・設備システム科・環境システム科
	土木関係	土木科・土木情報科・土木システム科・建設科・開発土木科
		都市工学科・都市システム科・海洋開発科・環境土木科
	地質工学関係	地質工学科・土木地質科
化学・材料系	化学工業関係	工業化学科・化学工業科・化学技術科・化学システム科・電気化学科
		環境科学科・環境工学科・生物化学科
	化学工学関係	化学工学科・化学応用科
	色染化学関係	色染化学科・色染工業科・カラーリングアーツ科・色染工学科
	材料技術関係	材料技術科・材料工学科・材料システム科・金属工業科・金属加工科
		アートクラフト科・溶接科
	セラミック関係	セラミック科・窯業科・陶芸科・セラミックス工学科
繊維・インテリア・デザイン系	繊維関係	繊維科・繊維工業科・繊維工学科・繊維システム科・テキスタイル工学科
		繊維デザイン科・素材化学科
	インテリア関係	インテリア科・工芸科・木材工芸科・金属工芸科・インテリアデザイン科
	デザイン関係	デザイン科・産業デザイン科・染織デザイン科・ビジュアルデザイン科
		プロダクトデザイン科
	印刷関係	印刷科・印刷化学科・印刷工業科・画像工学科・グラフィックアーツ科
	薬業関係	薬業科・薬学科・薬品科学科・製薬技術科
	航空関係	航空科・航空工学科
	その他	工業科・工業技術科・総合技術科・産業技術科
		理数工学科・生命工学科・生活工学科・理工学科・科学工学科
		プロダクト工学科・システム工学科・生産工学科
		デュアルシステム科・創造技術科

平成27年度文部科学省学校基本調査　学科のコード表より抜粋

Q17 工業高校にはどのような施設・設備があるか

　文部科学省は、高等学校設置基準によって、各学校の教育水準の維持が図られるように、高等学校の編制、施設、設備等がこの省令で定める設置基準より低下した状態にならないようにすることはもとより、これらの水準の向上を図ることに努めなければならないと規定している。

　施設・設備については、「指導上、保健衛生上、安全上及び管理上適切なものでなければならない」と定め、地震や火災等からの安全の確保が図られている。また、運動場の面積は、「全日制の課程若しくは定時制の課程の別又は収容定員にかかわらず、8,400平方メートル以上とする。ただし、体育館等の屋内運動施設を備えている場合その他の教育上支障がない場合は、この限りでない。」としている。さらに、校舎には、少なくとも、教室（普通教室、特別教室等とする）、図書室、保健室、職員室等の施設のほか、必要に応じて、専門教育を施すための施設を備えるものとするし、学科の種類、生徒数等に応じ、指導上、保健衛生上及び安全上必要な種類及び数の校具及び教具を備えなければならないと規定している。なお、校具及び教具は、常に改善し、補充しなければならないこととされている。

　工業高校では、普通科高校と共通する施設・設備以外に、工業高校独自の施設・設備が整備されている。具体的には産業教育振興法施行規則によって規定されている。この規則は、平成25年度からの新学習指導要領の実施に伴い、産業教育の適切な実施を図るため一部が改正された。

産業教育振興法施行規則　別表第一　施設（一部抜粋）

科目群	施設名	床面積等
情報基礎に関する科目群	情報基礎総合実習室	490 m^2
工業基礎に関する科目群	工業基礎総合実習室	1,220 m^2
機械に関する科目群	機械総合実習室	3,220 m^2

産業教育振興法施行規則　別表第一　設備（一部抜粋）

科目群	設備名	品目
情報基礎に関する科目群	データ処理用機器	電子計算組織 コンピュータ コンピュータ周辺機器
	制御用機器	自動制御実習装置 ハードウェア基礎実習装置 プレゼンテーション実習装置 情報通信ネットワーク実習装置 マルチメディア基礎実習装置 情報技術基礎実習装置
	空気調和設備	空気調和装置
	視聴覚教育用機器	教材提示装置 画像表示装置 机類
工業基礎に関する科目群	データ処理用機器	コンピュータ
	計量・計測用機器	計量機器 電気測定器
	光学機器	顕微鏡 顕微鏡装置
	工作用機器	工作機
	製図用機器	印刷機 自動製図装置
	電源用機器	電源装置
	試験用機器	材料試験機 分析用機器 環境測定用機器
	電気機器	制御実習装置 排気装置 電気炉
	視聴覚教育用機器	教材提示装置
	机・戸棚類	机類

Q18 高等学校専攻科とは何か

　高等学校専攻科は学校教育法第58条に次のように規定されている。

> 高等学校には、専攻科及び別科を置くことができる。
> 2　高等学校の専攻科は、高等学校若しくはこれに準ずる学校若しくは中等教育学校を卒業した者又は文部科学大臣の定めるところにより、これと同等以上の学力があると認められた者に対して、精深な程度において、特別の事項を教授し、その研究を指導することを目的とし、その修業年限は、一年以上とする。

　高等学校専攻科は、高等学校卒業者等を対象にして「精深な程度において、特別の事項を教授し、その研究を指導すること」を目的として設置することができる。また、専攻科の編制、施設、設備等については、高等学校設置基準によらなければならないこととされている。

　専攻科の設置に関しては、平成7年に示された「産業の高度化に対応した実践的技術者の育成について」の中で、産業社会の進展に対応し、理論と実際との両方を習得した実践的技術者の質的量的な確保を図るなどの観点から、工業等に関する専攻科を拡充する必要があることが提言された。設置する分野としては、技術の高度化に対応して上級の職業資格を目指す分野、地域の振興のために伝統工芸等の地場産業の後継者育成を目指す分野、リカレント教育を行うことを目指す分野が例示された。

　専攻科の設置状況は表2のとおりである。

　設置割合の多い学科は看護科と水産科である。看護科は看護師国家試験受験資格が得られ、水産科は三級海技士、一級小型船舶操縦士などの上級の資格が取得できるなどのメリットがあり、設置が促進されている。工業科の設置割合は3.5％である。

表2　専攻科の設置状況（平成24年度）

	工業科	看護科	水産科	左記以外	合計
当該学科を設置する高校数（A）	550	95	42	5261	5948
専攻科を設置する高校数（B）	19	76	26	17	138
専攻科の在籍生徒数	468	6726	545	594	8333
設置割合（B/A）	3.5%	80.0%	61.9%	0.3%	2.3%

中央教育審議会初等中等教育分科会配布資料（平成26年）より作成

　専攻科の魅力の一つは上級の資格を取得することである。専攻科における主な取得資格の例を以下に示す。

農業科……家畜人工授精師、造園技能士
工業科……第一種電気工事士、二級建築士、二級自動車整備士
商業科……簿記検定1級、情報処理技術者試験
水産科……三級海技士、一級小型船舶操縦士
家庭科……調理師
看護科……看護師国家試験受験資格
福祉科……介護福祉士国家試験受験資格

中央教育審議会初等中等教育分科会配布資料（平成26年）より作成

　高等学校専攻科から大学への編入学に関しては、以前から検討されてきたが、ようやく実現できることとなった。教育再生実行会議・第四次提言（平成25年）の中で、高等学校教育と大学教育の連携強化を図る方策として、「国は、高等学校専攻科修了者について、高等教育としての質保証の仕組みを確保した上で大学への編入学の途を開く」ことが提言された。
　これを受けて、学校教育法が改正（平成28年4月施行）され、「高等学校等の専攻科の課程のうち文部科学大臣の定める基準を満たすものを修了した者は、大学に編入学することができるものとすること」と規定された。

参考文献　教育再生実行会議『高等学校教育と大学教育との接続・大学入学者選抜の在り方について（第四次提言）』、2013
　　　　　　『産業の高度化に対応した実践的技術者の育成について』、1995

Q19 工業高校の学科の特色化はどのように進められているか

　工業高校の特色は学科である。機械科、電気科、工業化学科、建築科といった従来からある一般的な学科が多く設置されている一方で、産業界や地域からの要請や社会の変化に対応して改編した新たな学科が設置されるようになってきている。

　表3は平成以降の小学科の推移を示したものである。

　工業に関する学科の総数は平成4年度には2,819学科であったが、平成26年度には1,953学科となり、総数としては22年間で31％減少している。

　小学科別の変遷をみると、機械、電子、化学工業、化学工学、繊維などの関係学科の減少割合が大きい。機械関係の学科が減少した要因として、学習指導要領改訂（平成元年告示）により、電子機械系の科目が新設されたことに伴い、電子機械関係の学科への改編が行われるようになったことが挙げられる。また、電子関係の学科が減少した要因として、情報化の進展に伴い、情報技術関係の学科への改編が行われたことが挙げられる。

　こうした新しい学科への改編が進む中で、少子化や高等学校再編などの影響を受け、工業科全体の規模が縮小している。特に、平成16年度以降はいずれの学科も規模の縮小が顕著になってきている。

　学科の細分化も進んでいる。電気関係の学科を例にあげると、平成元年度では、ほぼすべてが電気科であったが、その後、学科の改編が進み、平成25年度には、電気システム、電気工学、電気情報、電気技術、電気情報システム、電気エネルギー、総合電気など、多様な学科が設置されている。これらの学科の特徴としては、類型を設けるなどして、電気だけでなく、電子や情報などの関連科目も履修したり、共通教科を多く履修したりできるよう科目の選択幅を広げていることである。生徒の興味・関心や進路希望に対応した教育課程の特色化が図られている。

　数が増え続けているのがその他の学科である。その他の学科については、入学年度は共通履修し、2年次以降に小学科に当たる系を選択履修するタイプの学科（総合技術科、工業科、工業技術科など）、理系大学等への継続教育を重

視するタイプの学科（科学技術科、理工学科、理数工学科など）、社会の変化に対応した特色ある学科（環境システム科、環境エネルギー科、福祉生産システム科など）などが設置されている。

表3　工業に関する学科の小学科数（本科）の推移

	H4	H10	H16	H22	H26	H26/H4
工業に関する学科	2819	2695	2513	2067	1953	69%
機械関係	792	555	481	408	392	49%
電子機械関係	-	221	236	194	177	
自動車関係	91	88	76	58	56	62%
造船関係	6	4	3	1	2	33%
金属関係	35	-	-	-	-	
電気関係	530	501	433	349	336	63%
電子関係	192	165	139	99	90	47%
情報技術関係	155	191	195	178	168	108%
計測関係	5	-	-	-	-	
建築関係	275	262	252	199	181	66%
設備工業関係	32	36	39	25	22	69%
土木関係	211	201	194	158	145	69%
地質工学関係	3	4	1	-	-	
化学工業関係	209	181	152	109	101	48%
化学工学関係	38	21	13	7	7	18%
材料技術関係		25	23	15	12	
セラミック関係	12	11	9	7	7	58%
色染化学関係	7	3	2	-	-	
繊維関係	41	28	20	15	13	32%
インテリア関係	66	58	53	34	33	50%
デザイン関係	63	59	62	52	49	78%
工業管理関係	-	-	-	-	-	
印刷関係	7	6	6	5	5	71%
薬業関係	7	8	5	3	3	43%
航空関係	2	2	3	2	3	150%
その他	40	65	116	149	151	378%

文部科学省学校基本調査より作成

Q20 工業高校の個性化・特色化はどのように進められているか

　平成10年頃から、高等学校において、少子化や生徒の多様化、社会の変化などに対応し、学校の個性化・特色化を進めることを理念として、学校の統合・再編を伴う改革が行われるようになった。統合・再編に当たっては、新しい理念や仕組みをもつ学校が新設され、従来の枠にとらわれない教育課程の編成が行われている。

　工業高校においても、これまでの概念を変える新しいタイプの学校や学科が生まれてきている。いくつか例示する。

1　長期就業訓練を行うデュアルシステムの学科

　ものづくりに興味があり、技術を身に付け、早く自立したいという中学卒業者を対象とし、ドイツの職業教育をモデルに、産業現場と連携し、長期の就業訓練を行う学科や類型が設置されるようになった。（事例はQ21を参照）

2　継続教育を重視した学校

　将来のスペシャリストを目指し、ここで身に付けた専門性を基礎に大学等において継続して教育を受けることを可能にするカリキュラムが開発され、理系大学への継続教育を重視した学校、学科、類型などが設置されるようになった。

> 例：東京都立科学技術高等学校
> 　大学等で学ぶ基礎として必要な共通教科の量と選択の自由度（自由選択科目）を確保しつつ、必要な専門教育を行うため、総授業時数を増やすとともに、理系大学との接続を考慮して新たに開発した専門科目（学校設定科目）を設置している。

3　実習等の体験的学習に重点を置いた学科

　「工業技術基礎」、「課題研究」、「情報技術基礎」、「実習」、「製図」などの体験的な学習を中心とした科目は、専門科目の総単位数の5～6割（16～22単位程度）が設置されているのが一般的であるが、これらの体験的な学習に多くの

時間をかけて、実践的な技術の習得を重視している学科が設置されている。

> 例：新潟県立新津工業高等学校　工業マイスター科
> 　機械技術を中心に、その技能を継承・発展させていくために、豊富な実習時間を確保（体験的な学習を中心とした科目を専門科目の総単位数の7割程度設置）するとともに、高度熟練技術者による指導や産業現場での実習を取り入れた授業を展開している。

4　2年次から系を選択する学校

近年、入学年度は共通履修、2年次以降は小学科に当たる系を選択履修するタイプの学科が増加している。既存の小学科を統合する形で設置する例が多くみられる。

> 例：大阪市立の工科高等学校
> 　小学科を設けずに総合募集（一括募集）を行い、1年次では、専門教科・科目は全員共通で工業の基礎となる科目を学ぶ。また、生き方を考えさせるガイダンス科目を履修させ、2年次以降の系・専科の選択を支援している。
> 　2年次では、系（例えば機械系、電気系などの専門科目のまとまり）と専科（例えば機械系では機械技術、機械設計などの類型）を選択し、専門科目を履修できる。さらに、工業技術についてさらに深める「深化コース」科目と大学などへの進学を目指す「接続コース」科目を選択履修できるなど、興味・関心や進路に対応した教育課程を編成している。

5　専攻科を設置し5年間一貫の工業教育を行う学校

専攻科を設置し、5年間一貫したカリキュラムを編成し、工業教育を行う学校が増えつつある。（Q18参照）

> 例：山形県立米沢工業高等学校
> 　「地域が求める高度な技術を身に付けた実践力のある工業技術者」の育成を図ることを理念とし、全日制課程－専攻科の5年間一貫教育を行っている。専攻科では2年間で80単位を履修させ、講義、演習・実験・実習等を一体化した少人数による教育を実施している。また、企業や大学から講師を招聘したり、長期の企業研修により、問題解決ができる総合的な技術力と実践力を育成したりするなど、地域社会との連携を重視した教育を行っている。

Q21 日本版デュアルシステムとはどのような教育システムか

　「日本版デュアルシステム」は、専門高校生の実践力の向上、勤労観・職業観の育成を目的として、学校での学習と企業での実習を組み合わせて行う新しい教育システムである。

　「日本版デュアルシステム」は、我が国がドイツの学校制度における職業教育を参考としたものである。ドイツの後期中等教育の「職業学校」では、学校で学ぶと同時に企業で職業訓練受ける**デュアルシステム**（二元システム）の職業教育を行っている。

1 デュアルシステムの必要性

　今日の産業界の雇用状況では、高い若年失業率、増加するフリーターやニート、年々増加する非正規雇用などの問題が生じている。このような状況を放置すると我が国経済・社会の発展基盤の崩壊につながりかねないという社会事情の中、若年者雇用問題が社会における喫緊の課題となっている。そのため、勤労観・職業観の育成や社会のニーズに対応した、専門的な知識・技術等を有する実践力のある職業人を育成する「日本版デュアルシステム」を2004年から試行した。

　「日本版デュアルシステム」は、より実際的・実践的な職業知識と技術・技能を養う教育・訓練を後期中等教育である専門高校等に導入することによって、生徒の職業的資質・能力を一層伸長し、かつ地域の産業・企業とのパートナーシップを確立し、地域の産業社会や企業が求める有意な人材を育成するものである。

　「インターンシップ（就業体験）」は、社会人・職業人として求められるルールやマナーを身に付け、勤労観や職業観を育むことを目的とし、比較的短期間で行われるが、「日本版デュアルシステム」は、長期の企業実習を通して実際的・実践的な職業知識や技術・技能を習得するとともに、勤労観・職業観をより一層深めることを主な目的とするものである。

2　「日本版デュアルシステム」の実施状況

　公益社団法人全国工業高等学校長協会（以下、「全工協会」という）の調査結果（平成27年度）によれば、工業科を設置する高等学校533校中52校（9.4％）でデュアルシステムを実施している。実施形態としては、長期休業中が12校、科目に割り当て週ごとに実施が29校、その他が9校である。ほとんどの学校が第2学年・第3学年の一部の生徒のみを対象に実施している。実施期間は1～2か月程度が46.7％と最も多く、1年以上の学校もあり様々である。また、29校（56.9％）が卒業単位として認定している。

3　工業高校における「日本版デュアルシステム」の実践例

　「日本版デュアルシステム」には、小学科（デュアルシステム科など）を設置して長期間の実習を行う学校と、科目として位置付けて年間指導計画に基づいて実習を行う学校など様々なタイプがある。ここでは、東京都立六郷工科高等学校のデュアルシステム科の教育課程を紹介する。

東京都立六郷工科高等学校デュアルシステム科
（平成16年4月開校、昼間定時制、単位制、二学期制、定員30名）
　1年次：インターンシップ（5単位）1社で10日間、3社で計30日間
　　　　　※学校設定科目「学ぶこと働くこと」で、初期の工業的センスと技能、マナー教育、安全教育の徹底を図る。
　2年次：長期就業訓練（8単位）2か月間
　　　　　対応科目（必履修）：「工業実践基礎」、「工業実践応用」、「工業実践発展」
　　　　　※1年次のインターンシップで自分の適性にあった企業を選定
　3年次：長期就業訓練（8単位）2か月間
　　　　　対応科目（自由選択）：「工業実践基礎」、「工業実践応用」、「工業実践発展」
　　　　　※2年次と同じ企業で実施

参考文献　専門高校等における「日本版デュアルシステム」に関する調査研究協力者会議報告書『専門高校等における「日本版デュアルシステム」の推進に向けて』、2004

Q22 近代の教育思想はどのように形成されたか

　近代の教育思想は、古典的な知識教育やしつけ教育から脱却し、児童生徒が持つ人間性や生活に根差した実践教育の中から生まれた。
　以下、主な教育思想を紹介する。

①コメニウス　Johannes Amos Comenius（1592～1670）
　コメニウスは、自然主義、感覚主義を唱え、自然と技術は人間を介した教育にあり、見たことや体験したことを通して、様々な方法で表現することが重要であるとした。また、教育による平和の実現を図った。汎知的な基礎知識を教科書に示した。著書には、世界で初の絵入り教科書である「世界図絵」がある。

②ルソー　Jean Jacques Rousseau（1712～1778）
　ルソーは、18世紀フランスで活躍した思想家であり作家でもある。「社会契約論」、「人間不平等起源論」を著し、社会理論を説いた。代表作「エミール」では、幼児期、青年期における教育による人間像を描き近代教育思想を広めた。

③ペスタロッチ　Johann Heinrich Pestalozzi（1746～1827）
　ペスタロッチは、スイスの教育学者であり、啓蒙主義教育を改革し、近代教育を確立した。著書「隠者の夕暮」では、「玉座の高きにあっても、木の葉の屋根の陰に住まっても、同じ人間である。」と述べ、人間の働きは自主的であり、修練することによって発展することを説いた。子供の認識能力の育成には、直観概念を育てる教材が重要であるとした直観授業を提唱した。生活の中にこそ、様々な要素がありそれを身に付けていくことが大切であるとした。

④ヘルバルト　Johann Friedrich Herbart（1776～1841）
　ヘルバルトは、ドイツの哲学者であり教育学者である。教育の目的は、若者の可能性を十分に伸ばし、興味や関心を抱かせることであるとし、教育法として教授と訓練が必要であると説いた。知識の修得には、興味に基づいた意志形成が重要であるとした四段階教授法を提唱した。著書の「一般教育学」では、教育学の体系を著した。

⑤フレーベル　Friedrich Wilhelm August Fröbel（1782〜1852）

　フレーベルは、幼稚園の創始者として有名な教育者である。著書「人間教育」では、幼児期の遊戯は、子供の創造的な自己活動であり、自身の興味による学習活動であるとした。また、子供の遊戯と労作を育む教育は、子供自身の成長を促し、自己の要求を内外に表現する行動を引き起こすと主張した。

⑥デューイ　John Dewey, J.（1859〜1952）

　デューイは、「学校と社会」、「経験と自然」などを著した。デューイは、子供の成長は、人との交わり、コミュニケーション、共同活動の中にあるとし、何げない日常生活の中に人間形成の原理があり、その場が学校教育であると説いた。また、青少年の能動的な活動を促すには、広い視野、体験活動の成果の考察、より柔軟な教育が重要であるとした。戦後の日本の経験主義教育の原点となり、すべての子供が自主的で民主的な能力を伸ばす学校教育の根幹をなしている。

⑦キルパトリック　William Heard Kilpatrick（1871〜1965）

　キルパトリックは、新しい教育理論として「プロジェクト・メソッド」（1918）を発表した。実験主義教育を唱え単元学習法を示した。

⑧シグネウス　Uno Cygnaeus（1810〜1888）

　シグネウスは、フィンランドに「工作教育」を導入し、フィンランド国民学校の父と呼ばれた。欧州で工業化が進む中で、「手で考える」教育を唱え、職業教育が重要であるとし、職業教育を中心とするナショナルスクールを制度化した。

⑨ケルシェンシュタイナー　Georg Kerschensteiner（1854〜1932）

　ケルシェンシュタイナーは、実業補習学校の改革を行い「労作学校」を提唱した。労作教育（職業教育）と公民教育を取り入れた国民学校では、作業場、実験室、調理室、学校園等を設け、手の労作の機会を与えるとともに、労作共同体の公民教育的意義を強調した。

参考文献　井ノ口淳三「コメニウス教育学の研究」ミネルヴァ書房、1998

Q23 近世（江戸時代）において工業教育はどのように行われていたか

1 近世の工業教育の始まり

　18世紀後半から、農村に様々な家内工業が展開し、商品流通、貨幣経済が進展し始めた。これを背景として宝暦・天明期における田沼時代の積極的な重商主義政策、殖産興業策と相まって、地域産業が拡大していった。

　新たな富を形成した新興階層は、新たな生産意欲のもとに、庶民の学習意欲が高まり、寺子屋が急速に発達した。諸藩は、農業生産性の拡大や産業振興に向けた人材の育成に努めた。諸学問が奨励され、医療においても薬草・薬種の知識が普及し、京都の医師、山脇東洋は宝暦4年（1754年）に、死体解剖を実施するなど実証的な医学を展開し始めた。文化的能力を高めた富裕な農民の中には、医師を目指す者も現れた。

　藩校では、医学、土木、行政、和算等あらゆる教科を整え、実学専一にあらゆる分野の有用な人材を育成した。特に読み、書き、算の基礎教育が浸透した。和算では、実践活用ができるよう様々な計算法が開発され、「算法童子歌車」、「堆積算」、「魔方陣」、「算額問題」などが刊行された。庶民教育として、はかり（重さの単位）、ます（容積の単位）、ものさし（長さ単位）を扱い、工業に関する基礎教育に力が注がれた。

　一関藩の例をみると、大槻玄沢を輩出し、「蘭畹摘芳（ランエンテキホウ）」を基に、西洋の薬品及び産物機械、図書文章が取り入れられた。大槻玄沢は、長崎に遊学した後に藩に戻り多くの子弟を輩出した。文政9年（1826年）、シーボルトから絵具と鉛筆2本、消しゴムが送られる関係となった。「芝蘭堂」開塾は天明6年（1786年）から42年間続いた。江戸京橋一丁目に塾を開きオランダ語学や医学だけでなく諸科学に大きな業績を残した。京都、大阪に蘭学が広まり、郷里に帰り地域産業の発展に尽くした人々も多かった。

2 適塾

　緒方洪庵は、1832年（天保3年）にローゼの人体生理学書を翻訳し「人身窮

理学小解」を発表した。この翻訳本は、多くの人々に筆写された。1836年（天保7年）長崎に遊学する。青木周弼や伊東南洋とともに薬剤処方の「袖珍内外方叢」を発表した。

　洪庵は、1838年（天保9年）に大阪瓦町で医業を開き、「適々斎塾」で蘭学塾を開いた。1845年（弘化2年）には過書町に移転した。ここを拠点として、病理学書である「病学通論」、コレラの病理、治療、予防法をまとめた「虎狼痢治準」、ドイツの医学者フーフェランドによる長年にわたる医療体験の記録である「扶氏経験遺訓」等を発表した。

　適塾は開塾25年間で門弟千人を出したと伝えられている。勉強は蔵書の解読で、「ジーフ（オランダ日本語辞典）」写本の蘭和辞書を使った翻訳が中心に行われた。月に6回ほど「会読」と呼ばれる翻訳の時間があり、採点評価し3か月以上最上席を占めた者が上級に進む。

　1844年から1862年までに、姓名・入門年・出身地が記載されている門下生は636名で、現在の県名で青森県、沖縄県を除いて、北は北海道から南は鹿児島県まで全国から入門している。

　門下生である福沢諭吉は、その後、慶応義塾を開き、教育、医学、政治等に専念し、「学問のすすめ」を発表した。

【近世（江戸時代）教育の視点】
- 寺子屋：読み（素読）、書き（習字）、算（そろばん）、はかり（重さの単位）、ます（量の単位）、ものさし（長さの単位）
- 藩校、郷校：医学、土木、建築、林業、行政など、実学専一（あらゆる分野の有用な人材育成）
- 適塾：外国のあらゆる知識を翻訳し、討議し合う
- 松下村塾：行政知識に関する弛まない討議

参考文献　一関市博物館『第19回企画展　建部清庵生誕300年誌』

Q24 近代（明治〜戦前）において工業教育はどのように行われていたか

1 明治維新以前の工業教育

　江戸末期の工業教育に注目したい。各藩はこぞって産業の近代化を進めた。ここでは、薩摩藩を例に工業教育の状況を紹介したい。

　薩摩藩は、西洋の文明を取り入れた集成館を興し、反射炉、溶鉱炉、硝子窯、紡績、造船、機械工場を設立した。その目的は、殖産興業、富国強兵を進めるためであった。多くの若者が西洋式の工業教育を受け、海外に輸出する製品を作り出していた。

　江戸幕府は、1855年に洋学所を設け、1863年に開成所と改めた。幕末期には、藩校や郷校、寺子屋で学んだ子弟が海軍伝習所で航海術や造船技術を学んでいた。また、横須賀造船所附設公舎職工伝習生として、造船や機械、土木、蒸気機関に関する高度な工業技術を身に付けていった。その後、技術者として官営工場を支えた。

2 明治期の工業教育

　明治政府は、多くの外国人技術者を招き、殖産興業を掲げ、明治5年に工部省を設け官営工場の近代化を進めた。明治7年にドイツ人技術者ワグネルの提案により、東京開成学校内に製作学教場が併設された。明治14年に東京職工学校が設けられ、機械や応用化学に関する授業が行われ、実践的な工業人と工業教員の養成がなされた。その後、地域産業を支える人材育成の要望が高まり、後期中等教育としての工業高校が発足した。

3 近代の中等工業教育の発足

　明治32年に中学校令が改正され、高等女子学校令と実業学校令が制定され、中等学校制度が確立した。

　旧制中学は、フランスの官立リセや公立コレージュ、ドイツのギムナジウムなどをモデルとして、旧制高校、大学へと連なるエリート的な機関として発達

した。

実業学校は、実業に従事する者に主要な教育を為す学校で、工業、商業、農業、水産、商船などの実業諸分野での中堅人材を養成する学校として整備拡充が進められ、戦間期に急速な量的拡大を遂げた。

高等女学校は、女子高等普通教育を目的とし、教育内容は、当初、旧制中学を参考に制定されていたが、その後、家事、裁縫の授業時数が多くなった。そして、実科・家政科や実科高等女学校が設置されるようになり、入学資格や就業年限は弾力化されるようになった。

4　大正、昭和期の工業教育

この時期の中等教育は、社会の人材養成への期待を反映して目的合理的、能力主義的に編成されていた。ところが、戦間期の教育拡大のなかで、中等学校の格差解消の要求が強まり、大正6年に設置された臨時教育会議では、格差解消の問題が審議された。臨時教育会議の設置は、明治期後半以降の懸案であった学制改革問題に決着をつけることにあったが、中等教育に関しては、学校間格差の解消が議論になったことが注目される。

欧米諸国では、すべての者に中等教育をという理想が掲げられ、教育の機会均等と大衆的な中等教育の実現が課題として論じられるようになった。中等学校の総合制化、統一学校の思想と運動が高まったからである。

この時期の新しい動向として、子供や若者が、学校だけでなく、地域社会においても国家によって囲い込まれるようになった。大正4年に国家主義的な修養団体としての青年団を組織化することになった。

昭和7年に児童生徒に対する校外生活指導に関する学校少年団の結成を促進した。昭和16年には、子供会や青年団も、大日本青少年団体として全国的に統合されることになった。

参考文献　小林一也『工業教育の理論と実践』実教出版、1983

Q25 戦後の工業教育はどのように変遷してきたか

　高等学校学習指導要領を基に工業教育の変遷を概観する。

1　昭和26年改訂　高等学校学習指導要領（試案）

　工業科の目標は、「高等学校における工業教育は、将来、日本の工業建設発展の基幹である中堅技術工員となるべきものに必要な、技能・知識・態度を養成するものである。」と示されている。
　工業科目の構成は、必修科目が30～35単位、選択科目が7単位程度とされている。必修科目が30単位の場合、第1学年で8単位、第2学年で10単位、第3学年で12単位とする学習計画が試みられ、低学年では普通科目を多くし、高学年では工業科目を多くした方がよいと示されている。

2　昭和31年度改訂　高等学校学習指導要領

　工業科の目標は、「高等学校における工業教育は、中学校教育の基礎の上にたち、将来わが国工業界の進歩発展の実質的な推進力となる技術員の育成を目的とし、工業人としての正しい自覚をもたせることを目ざすものである。」と示され、工業技術に関する実践力の育成が求められた。必修科目の単位数は変更していない。

3　昭和47年改訂　高等学校学習指導要領

　「工業」の目標は、「(1)工業の各分野における中堅の技術者に必要な知識と技術を習得させる。(2)工業技術の科学的根拠を理解させ、その改善進歩を図る能力と態度を養う。(3)工業の社会的・経済的意義を理解させ、共同して責任ある行動をする態度と勤労に対する正しい信念とをつちかい、工業の発展を図る態度を養う。」と示され、共通に必ず履修すべき教科・科目42単位と工業に関する科目（他の専門教育に関する科目を含む場合を含む。）35単位以上を含まなければならない。と改訂された。

4　昭和54年改訂　高等学校学習指導要領

「工業」の目標は、「工業の各分野の基礎的・基本的な知識と技術を習得させ、現代社会における工業の意義や役割を理解せさるとともに、工業技術の諸問題を合理的に解決し、工業の発展を図る能力と態度を育てる。」と示され、卒業までに履修させる各教科・科目の単位数を80単位以上、専門学科における専門教科・科目の履修単位数は、30単位を下らないようにすると改訂された。「工業基礎」、「工業数理」が各学科共通に履修させる科目として新設された。

5　平成元年改訂　高等学校学習指導要領

工業の目標は、昭和54年改訂と同様である。工業に関する学科について内容の改善充実と関連して標準的な学科の構成を見直す。科学技術の進歩に対応するため「電子機械科」を、資格取得に配慮した専門教育を一層充実するため「自動車科」をそれぞれ標準的な学科として新たに示した。また、「窯業科」を「セラミック科」へ、「金属工業科」を「材料技術科」へと名称を変更した。原則履修科目については、これまでの「工業基礎」、「実習」、「製図」及び「工業数理」の4科目に加え、「情報技術基礎」と「課題研究」が新設された。

6　平成11年改訂　高等学校学習指導要領

工業科の目標は、「工業の各分野に関する基礎的・基本的な知識と技術を習得させ、現代社会における工業の意義や役割を理解させるとともに、環境に配慮しつつ、工業技術の諸問題を主体的、合理的に解決し、社会の発展を図る創造的な能力と実践的な態度を育てる」と改訂された。卒業までに履修させる単位数を74単位以上とし、専門学科における専門教科・科目の履修単位数は、25単位を下らないようにすると改訂された。原則履修科目は「工業技術基礎」、「課題研究」の2科目に改められた。

7　平成22年改訂　高等学校学習指導要領

工業科の目標は、「工業の各分野に関する基礎的・基本的な知識と技術を習得させ、現代社会における工業の意義や役割を理解させるとともに、環境及びエネルギーに配慮しつつ、工業技術の諸問題を主体的、合理的に、かつ倫理観をもって解決し、工業と社会の発展を図る創造的な能力と実践的な態度を育てる。」と示され、「環境工学基礎」が新設された。

Q26 諸外国において職業教育はどのように行われているか

　諸外国の職業教育を考える場合、国情により「公」と「私」の関係を明確にし議論する必要がある。公的な職業教育は、基礎・基本に関する一般職業教育や職業訓練である。一方、私的な職業教育とは企業内教育や実社会での職業訓練、国家資格、技能資格の取得を意味する。

　諸外国の職業教育の形態は、国々の社会基盤により3タイプに分類される。

1　ドイツ型［伝統技術が基本の職業教育］

　ドイツの職業教育は、中世（14～17世紀）にみられる各種のツンフト（ギルド）が師弟関係による伝統的な現場訓練が行われていた。しかし、産業革命が起こり、職場の近代化が進み手工業との格差が生まれた。19世紀中期に「ケルシェンシュタイナー」が新たな職業教育として、理論と実践を取り入れた二元教育のデュアルシステムを提案した。理論は学校で実践は職場での職業教育が現在も続いている。それに伴い厳格な職業資格が設けられ、専門技能者としてのゲゼレ資格、専門職業家としてのマイスター資格がある。

　デュアルシステムの実践教育は、マイスターが担当する。児童生徒のデュアルシステムの受け入れ先の選考決定は各種の職業組合が行う。また、大学の受験資格にデュアルシステムでの職種経験、学習期間が定められている。

2　フランス・イタリア型［行政指導型の職業教育］

　フランスの技術者養成機関は、エコール・ポリテクニークを基本とする教育である。その理念は、軍事のための兵学校的な体質であり、職業訓練を意識した教育体系である。職業訓練を担当する所管は労働省であり、中等教育では、就職前学級や職業準備学級があり、見習い技術者養成センターや職業リセ、職業バカロレア取得課程がある。すべての職業に専門職資格が必要で学校教育の中で資格を得る。

　イタリアは、中等学校で普通教科と専門教科が併設され、学校によって設置されている専門教科が異なる。例えば、普通教科とホテル業務教科が設置され

た高等学校では、卒業時にホテル業務資格が授与される。

3　アメリカ型［市場中心の職業教育］

　アメリカ合衆国では、普通教育を中心とし、生徒の興味・関心によるキャリア教育が行われている。グラマースクール、テクニカルスクール、セカンダリーモダンスクールの学校体系があるが、進路別に分化せず多様な価値観や能力に応じて育成し、大学教育の中で学部・学科を選択し専門教育を施す。就職企業を自己選択させ自己の職能を高めていく。市場原理や経済競争原理による職業教育が進められている。アメリカ合衆国の職業教育は、大学での専門教育や民間企業での社内職業教育が中心であり、企業指導の企業内訓練や社内職業指導が行われる。また、私企業による職業指導を基に必要な専門職業資格や資格認定を取得し、さらなる高度な国家資格や国際技能検定を所得し、専門職としての地位を築いている。

　イギリスでは、18世紀後半から19世紀にかけての産業革命を支えた人々が徒弟制度、職業組合を作り職業教育や就職斡旋等の労働市場を掌握していた。

　1970年代後半から、基幹産業が衰退し、義務教育修了者16歳の就職や労働市場が崩壊し失業者が急増した。

　2004年から職業資格が導入され、入門レベルとレベル1～8までの9段階に分類した全国資格枠組み NQF（National Qualifications Framework）を導入した。2007年に新たな職業資格として、ディプロマを導入。2008年には、情報、健康・福祉、エンジニア、建築・環境、芸術・メディアの5種類に分類された。ディプロマは、14歳から19歳を対象にした全国資格枠組み（NQF）のレベル1～3に対応した新しい応用系中等教育資格である。レベル3は、GCE・Aレベル3科目程度で後期中等教育修了程度に相当する。

参考文献　石坂政俊『第3回ドイツ・イタリア研修旅行記』工業教育資料276、2001

3章

工業科の教育課程

Q27 工業科ではどのような教育を目指しているか

　工業科では、生涯にわたって学習する意欲と態度を育成するとともに、将来のスペシャリストを目指し、専門性の基礎・基本を培うという役割が期待されており、その意味で基礎的・基本的な知識・技術の習得を目標の一つとしている。

　工業科の目標は、次のとおりである。

> 　工業の各分野に関する基礎的・基本的な知識と技術を習得させ、現代社会における工業の意義や役割を理解させるとともに、環境及びエネルギーに配慮しつつ、工業技術の諸問題を主体的、合理的に、かつ倫理観をもって解決し、工業と社会の発展を図る創造的な能力と実践的な態度を育てる。

　工業科の目標は、時代の進展とともに改善されてきている。
　平成11年の学習指導要領改訂においては、工業科の目標は、「いかに作るか」から「どのようなものをいかに作るか」という能力を重視するなど時代の要請に対応して改善された。
　また、平成21年の改訂においては、従前の目標の精神を基本的に受け継ぎながら、今日的な課題に対応するため、次のように改めている。
　第一点目は、現代社会における工業の意義や役割を学ぶに当たっては、地球規模の課題である環境問題やエネルギー制約の一層の深刻化などについて考える必要があり、工業製品について、資源の節約やリサイクルを踏まえ、原材料の選定から加工、組立、廃棄するまでの過程において環境やエネルギーに配慮することとした。
　第二点目は、将来の工業技術者としての倫理観を養うことが強く求められていることから、安全な製品や構造物などのものづくりをするために必要な基礎的・基本的な知識・技術を確実に身に付けさせ、技術者としての倫理観に基づいて課題の解決に取り組む態度を身に付けさせることとした。
　第三点目は、社会の発展は、工業の発展と相互に関係しており、より広い視

野をもち、安全・安心な新しいものづくりを創造する能力を身に付け、実践的な技能をあわせもった工業技術者を育成することとした。

　主な小学科の目標を以下に示す。

①機械科では、自動車・鉄道・産業ロボットなど、日本のありとあらゆるものづくりを支えている機械を学習する。高速で精密に金属を削る旋盤やフライス盤の実習、エンジンの仕組みを扱う原動機、さらに、コンピュータ制御の工作機械（マシニングセンタ）やCADなど、新機械技術について習得し、ものづくりのスペシャリストを目指す。

②電気科では、家電製品や照明機器をはじめ、鉄道やコンピュータなど私たちの生活に欠かすことができない重要なエネルギーを学習する。電気・電子・情報に関する基礎学習、コンピュータプログラミングなどの情報処理、ラジオ製作やディジタル時計製作などの電子工作や電気工事などの実習を行い、電気技術者として、次世代の情報社会・産業社会を担うスペシャリストを目指す。

③建設科では、人の生活を守り支え、未来へつなぐ架け橋となる社会基盤を構築する建設技術を学習する。建設の基礎をはじめ、土木では水道・電気・ガス・道路などのライフライン整備、橋や公園などの街づくりを学習し、建築では人が快適に活動するための空間づくりのための建設や法規、構造建設などの基礎技術を学び、将来の土木技術者、建築技術者を目指す。

④工業化学科では、衣・食・住に関する身の周りの物質の基になっている内容を学習する。化学の基礎技術について実験実習を通して身に付け、合成した物質の成分や構造について分析機器などを使って調べることから、環境問題を化学の視点から考える環境化学実験、バイオ化学やセラミックス等の先端技術まで学習する。卒業後は化学・食品メーカーの工場や研究所、試験室などの技能・技術者を目指す。

⑤デザイン科では、デザインに要求される「鋭い観察力」、「豊かな発想力」、「優れた表示力」の育成とデザイン業務に携わることのできる基礎能力を養い、将来デザイン関係の技能・技術者を目指す。

Q28 工業科の科目はどのように構成されているか

　工業に関する科目は、「工業技術基礎」をはじめとする61科目である。この61科目の編成については、「各学科において原則としてすべての生徒に履修させる科目（**原則履修科目**）」、「工業の各分野における基礎科目」、「工業の各分野に関する科目」の三つに大別することができる。

　なお、平成25年度より実施された学習指導要領では、新設科目が1科目、名称変更の科目が1科目ある。

　新設された科目は「環境工学基礎」である。

　この科目は、工業生産において環境への配慮が重要であることを理解させるとともに、環境と工業技術や工業生産のかかわりを自然科学的及び工学的な見地から扱い、環境に関する調査、評価、管理などに活用し、持続可能な社会の構築に向け主体的に環境保全に資する能力と態度を育てることをねらいとして、工業の各学科で履修できるよう新設した科目である。

1　原則履修科目

　「工業技術基礎」（詳細はQ29参照）と「課題研究」（詳細はQ30参照）の2科目である。」

2　各分野における基礎科目

　「実習」、「製図」、「工業数理基礎」、「情報技術基礎」、「材料技術基礎」、「生産システム技術」、「工業技術英語」、「工業管理技術」、「環境工学基礎」の9科目である。

　これらのうち、「実習」、「製図」、「工業数理基礎」、「情報技術基礎」の4科目は、各学科における共通的な内容で、かつ基礎的・基本的な内容で構成された科目である。また、「材料技術基礎」、「生産システム技術」、「工業技術英語」、「工業管理技術」、「環境工学基礎」の5科目は、各学科の特色や生徒の進路希望により選択して履修する基礎科目である。

3 各分野に関する科目

各分野に関連する科目は、表4の12～61までの各科目である。

表4 工業科の各科目

1	工業技術基礎	12	機械工作	19	電気基礎	31	建築構造	44	工業化学	53	繊維製品
2	課題研究	13	機械設計	20	電気機器	32	建築計画	45	化学工学	54	繊維・染色技術
3	実習	14	原動機	21	電力技術	33	建築構造設計	46	地球環境化学	55	染織デザイン
4	製図	15	電子機械	22	電子技術	34	建築施工	47	材料製造技術	56	インテリア計画
5	工業数理基礎	16	電子機械応用	23	電子回路	35	建築法規	48	工業材料	57	インテリア装備
6	情報技術基礎	17	自動車工学	24	電子計測制御	36	設備計画	49	材料加工	58	インテリアエレメント生産
7	材料技術基礎	18	自動車整備	25	通信技術	37	空気調和設備	50	セラミック化学	59	デザイン技術
8	生産システム技術			26	電子情報技術	38	衛生・防災設備	51	セラミック技術	60	デザイン材料
9	工業技術英語			27	プログラミング技術	39	測量	52	セラミック工業	61	デザイン史
10	工業管理技術			28	ハードウェア技術	40	土木基礎力学				
11	環境工学基礎			29	ソフトウェア技術	41	土木構造設計				
				30	コンピュータシステム技術	42	土木施工				
						43	社会基盤工学				

4 学校設定科目について

高等学校では、学習指導要領に明記されている科目のほかに、地域、学校及び生徒の実態、学科の特色等必要に応じて**学校設定科目**を設置することができる。

工業科における学校設定科目の例：リサイクル技術、安全管理技術

5 専門教科・科目による必履修科目の代替等について

専門教科・科目を履修することによって、必履修教科・科目の履修と同様の成果が期待できる場合は、その専門教科・科目の履修をもって必履修科目の履修の一部又は全部に替えることができる。

例えば、「情報技術基礎」の履修により「社会と情報」又は「情報の科学」のいずれかと代替することが考えられる。また、「デザイン技術」等を「工芸Ⅰ」に、「工業数理基礎」を「数学Ⅰ」に、それぞれ代替することなどが考えられる。

また、「課題研究」の履修をもって総合的な学習の時間の履修の一部又は全部に替えることができる。

Q29 「工業技術基礎」ではどのような教育を行っているか

1 目標

「**工業技術基礎**」の目標は、高等学校学習指導要領に以下のように示されている。

> 工業に関する基礎的技術を実験・実習によって体験させ、各専門分野における技術への興味・関心を高め、工業の意義や役割を理解させるとともに、工業に関する広い視野と倫理観をもって工業の発展を図る意欲的な態度を育てる。

2 内容

「工業技術基礎」は、
① 人と技術と環境（ア．人と技術　イ．技術者の使命と責任　ウ．環境と技術）
② 基礎的な加工技術（ア．形態を変化させる加工　イ．質を変化させる加工）
③ 基礎的な生産技術（ア．生産の流れと技術　イ．基礎的な分析及び測定技術）
の3項目で構成しており、2～4単位程度履修されることを想定して、内容を構成している。また、内容の構成及び取扱いに当たっての留意事項は次のように示されている。

> ア　内容の①のアについては、産業社会、職業生活、産業技術に関する調査や見学を通して、工業技術と人間とのかかわり及び工業技術が日本の発展に果たした役割について理解させること。イについては、安全な製品の製作や構造物の設計・施工、法令遵守など工業における技術者に求められる使命と責任について理解させること。
> イ　内容の②及び③については、相互に関連する実験や実習内容を取り上げるよう留意し、工業の各専門分野に関連する要素を総合的に理解させること。

3 「工業技術基礎」では何を学ぶのか

「工業技術基礎」は、工業の専門分野である、機械、電気・電子、化学、環

境、情報、土木、建築、インテリア、デザインなどの学習に先立って、工業の各分野に共通に必要である基礎的な知識、技術、態度などを実験・実習を通して、体験的に学習する科目である。

現在、工業の分野は、極めて多方面にわたっているとともに、各専門分野は総合化・融合化される傾向がある。例えば、自動車産業をみても

①情報技術の活用……各種センサ制御、マイコン燃費制御、排ガス制御など
②電気技術の活用……点火装置、灯火装置、オーディオ機器、エアコンなど
③機械技術の活用……ボディ、エンジン、ブレーキ装置、動力伝達装置など
④化学技術の活用……タイヤ、バッテリ、ガソリン、オイル、ガラスなど
⑤インテリア・デザイン技術の活用……内装、エアバック、シートなど

のように、多くの工業技術を集結し、製品化していることがわかる。

4 「工業技術基礎」をどのように学ぶのか

「工業技術基礎」では、各専門分野の基礎的・基本的な技術を含んだ題材を取り上げている。できるだけ広い分野の知識や技術を身に付け、人と技術とのかかわりや安全・環境について考える。

また、製作過程を通して「構想」、「設計」、「製作」、「検査」といったものづくりの作業の流れを、体験的に学習する。その際、「つくる」ことのみに集中するのではなく、構想や設計段階を重視し、「どのようなものをいかにつくるか」という視点で取り組む。

5 指導計画の具体例（機械科）

①オリエンテーション
②人と技術と環境について
③情報系実習……情報の基礎、情報系の実習（パソコンの分解組立等）
④電気系実習……電気の基礎、電気系の実習（テスターの製作等）
⑤加工系実習……加工の基礎、加工実習（手仕上げ作業、旋盤等）
⑥材料系実習……材料の基礎、材料実習（金属顕微鏡の取扱等）
※③〜⑥は班別にローテーションにより実施する。

参考文献 教科書『工業技術基礎』実教出版、2013

Q30 「課題研究」ではどのような教育を行っているか

　生徒は、身近な生活の体験から様々なことを発見する。それは登下校のときに道端で何げなく観察したものであったり、書籍やインターネット、テレビなどから得られた情報であったりする。必ずしも教室で習ったものではなく、むしろ教室の外で体験したことや感じたことから発想することの方が多いかも知れない。こうした不思議との出会いが「課題研究」の動機となる。生徒は時に思いがけないことを考える。生徒の発想は実に多様であり、創造的である。

> 【「課題研究」の研究動機の例】
> 「忍者はかんじきのようなものを履き水上を自在に移動する。どのようにすれば忍者のように水面を歩行できるか調べたいと思った。」
> 「本田選手がワールドカップで無回転シュートを決めた。無回転だとなぜボールが変化するのかを調べてみようと思った。」
> 「インターネットで動画をみたら、歌手が大声を出して振動でワイングラスを割っていた。なぜ割れるのかそのメカニズムを解明したいと思った。」

　こうした豊かな発想を生かし、実験や実習を行う施設・設備、書籍や文献、インターネットの環境などを整えてあげれば、旺盛な好奇心や探究心が刺激され、「課題研究」の学びが成立する。
　「**課題研究**」の目標は、「工業に関する課題を設定し、その課題の解決を図る学習を通して、専門的な知識と技術の深化、総合化を図るとともに、問題解決の能力や自発的、創造的な学習態度を育てる」ことである。
　その内容は、以下の4項目で構成されており、個人又はグループで適切な課題を設定させることとしている。
　①作品製作　　②調査、研究、実験
　③産業現場等における実習　　④職業資格の取得

　「課題研究」の教育活動の特色を整理すると以下のようになる。
　①課題性　　　課題の設定に当たっては、生徒の興味・関心、進路希望などに

応じて、これまで学んできた学習成果を活用させ、適切な課題を設定するようにする。

②主体性　　生徒の主体的な学習を重視し、自分で課題を見付け、自ら学び自ら考え、主体的に判断し、よりよく問題を解決しようとする能力を育成する。

③協働性　　個人で課題を設定する場合もあるが、多くはグループで課題を設定し、グループ内で役割分担し、協力しながら研究を進めていく。

④活動性　　作品製作、観察・実験、調査、研究、産業現場における実習等の体験活動を多く取り入れる。

⑤探究性　　課題についての探求的な学習を通して、これまで学習してきた専門的な知識と技術の深化、総合化を図る。

⑥創造性　　課題設定から課題解決に至る過程で、適時に適切な手法を用いて創意工夫した課題解決の取組ができるようにし、生徒の創造性を引き出す。

⑦表出性　　グループ内での討論を促すとともに、成果について発表する機会を設けるようにし、言語活動の充実を図る。

「課題研究」の学習過程は一般的には以下のようになる。計画から実施、成果発表に至るまで、生徒の活動が中心になる。「課題研究」の学習活動は、生徒の主体性と協働性を重視し、自ら課題を設定し、その解決を図る創造的な学習が基本となる。

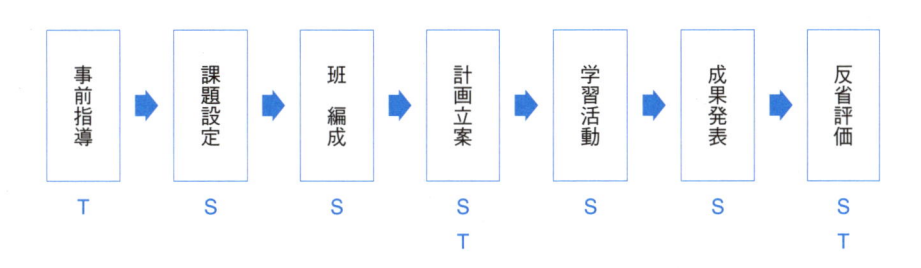

事前指導(T) → 課題設定(S) → 班編成(S) → 計画立案(S/T) → 学習活動(S) → 成果発表(S) → 反省評価(S/T)

S：生徒の活動　T：教師の指導

Q31 工業科では実習がどのように行われているか

1 目標

工業の各専門分野に関する技術を実際の作業を通して総合的に習得させ技術革新に主体的に対応できる能力と態度を育てる。

「**実習**」のねらいは、実際の作業を通して工業の各専門分野に関する知識と技術を総合的に習得させ、将来の産業社会に貢献し、技術革新に主体的に対応できる能力と態度を育てることである。

2 内容の構成及び取扱い

「実習」は、①要素実習、②総合実習、③先端的技術に対応した実習の3項目で構成しており、6～12単位程度履修されることを想定している。なお、指導計画を作成するに当たっての配慮事項として、工業に関する科目に配当する総授業時数の10分の5以上を実験・実習に配当することが示されている。

3 内容

①要素実習
各学科の専門分野に関する要素的な実習内容を取り扱い、実際的な知識と技術を習得させることをねらいとしている。

②総合実習
要素実習の後に、そのまとめとして、各学科の専門分野に関する総合的な実習内容を取り扱い、実際的な知識と技術を習得させることをねらいとしている。

③先端的技術に対応した実習
各学科の専門分野に関連した先端的な技術に対応した基礎的な実習内容を選択して取り扱い、実際的な知識と技術を習得させることをねらいとしている。

4 具体例

主な小学科における実習テーマの例を以下に示す。

①機械科
　1年生：機械加工の基本作業、ガス溶接の基本作業、手仕上げ作業
　　　　　金属材料の硬さ試験、引張試験
　2年生：旋盤加工、鋳造の基本作業、アーク溶接、塑性加工
　　　　　原動機の性能試験
　3年生：先端工作機械実習、3次元CAD・CAM、自動車整備実習

②電気科
　1年生：電気計測実習、電子工作実習、電気工事実習
　2年生：電子回路実習、シーケンス制御、ロボット制御、電気機器実習
　3年生：ディジタル制御実習、コンピュータ制御実習、高電圧実習

③建設科
　1年生：測量実習（距離測量、平板測量）、木造家屋意匠模型の製作
　　　　　施工実習（縄張り・造り方、地業、基礎工事と足場の組立）
　2年生：材料実験（モルタル、コンクリート供試体の作成と破壊試験、鉄筋の引張試験）、測量実習（レベル測量、セオドライト測量）
　　　　　木造ベンチの製作
　3年生：計画実験（温熱環境・騒音・照度等の実験・実習）、施工実習（足場の組立、溶接による引張試験片の作成と引張試験）
　　　　　木造ベンチの製作

④工業化学科
　1年生：基本的な化学実験、定性分析の実験、硫酸銅の製造、石鹸製造
　2年生：定量分析実験、容量分析実験、有機合成実験（染料、香料）
　　　　　有害物を含む廃水処理の原理と方法
　3年生：化学工学実験、機器分析実験、プラント実習（ワックス製造装置の運転等）、物理化学実験

⑤デザイン科
　1年生：平面、立体構成の作品制作、絵画基礎
　2年生：写真・画像処理、複合体の描写、木工、陶芸
　3年生：プロダクトデザイン、ビジュルアルデザイン、卒業制作

Q32 工業科において情報教育はどのように行われているか

　理科教育及び産業教育審議会は、昭和44年12月に「高等学校における情報処理教育の推進について」を建議し、昭和45年に改訂された高等学校学習指導要領では、工業科における情報技術科、商業科における情報処理科の教育課程がそれぞれ示された。「情報処理教育センター」の設置等とともに、情報処理教育が本格的にスタートした。

　昭和53年告示の高等学校学習指導要領では、各教科において共通に履修させる工業の基礎的・基本的科目として「工業基礎」、「工業数理」が新設された。両科目において、工業に関する各学科共通の内容として、「管理と自動化」、「情報と制御に関する基礎的な計算技術」など情報関連の内容を取り扱うこととなった。

　さらに、平成元年告示の高等学校学習指導要領では、工業に関する各学科の共通履修科目として「情報技術基礎」が新設され、情報化の進展とコンピュータの役割、情報に関する基礎的技術と活用などを扱うことが示された。

　中央教育審議会答申（平成20年）において、情報活用能力を育むことは、基礎的・基本的な知識・技能の確実な定着とともに、発表、記録、要約、報告といった知識・技能を活用して行う言語活動の基盤となるものとして、その重要性が示された。また、「教育の情報化に関する手引」（平成22年・文部科学省）において、教育の情報化の内容として、①子供たちの情報活用能力の育成、②教科指導における ICT（Information and Communication Technology）の活用、③校務の情報化の3点が挙げられ、これらの実現のためには教員のICT活用指導能力の向上、学校における環境整備等が必要であることが示された。

1　工業科における情報教育

　「情報技術基礎」は、工業の各分野における基礎科目として「実習」、「製図」、「工業数理基礎」等9科目のうちの一つに位置付けられている。「情報技術基礎」の内容は、①産業社会と情報技術、②コンピュータの基礎、③コンピュータシステム、④プログラミングの基礎、⑤コンピュータ制御の基礎、⑥

情報技術の活用で構成されている。また、この科目の履修により、「社会と情報」又は「情報の科学」のいずれかと代替することが可能である。

また、情報化とネットワーク化の進展に対応するため、情報技術に関する科目として「プログラミング技術」、「ハードウェア技術」、「ソフトウェア技術」、「コンピュータシステム技術」などが設置されている。

なお、中学校の「技術・家庭」（技術分野）では、「情報に関する技術」を扱い、①情報通信ネットワークと情報モラル、②ディジタル作品の設計・制作、③プログラムによる計測・制御を学んでいる。高等学校工業科では、これらを考慮して指導計画を策定する必要がある。

全工協会で実施している「情報技術検定」は、工業高校の生徒の基礎的・基本的な情報活用能力の育成に高い効果を示すとともに、工業高校の情報技術教育の水準を企業などに示し、社会的評価を得ている。

2 情報モラル教育

情報モラルについて、高等学校学習指導要領解説工業編では、次のとおり示している。

> 情報の収集・発信の際の責任や情報を取扱う際の留意点などについて、討議し、発表し合うなどの活動を通して考えさせる。個人情報などのデータの取扱については、プライバシーの保護の観点から取り上げ、工業技術者としての情報に対するルールやモラルなどについて理解させる。著作権などの知的財産の制度や保護についても取り上げるようにする。

3 今後の情報教育

平成26年12月に取りまとめられた「高等学校の遠隔教育の在り方について」の報告では、教室以外の場所で授業を履修できる方法として「メディア授業の方法の規定」が創設され、高等学校における遠隔教育の在り方が示された。今後、遠隔教育のシステムとしての開発及び実践活動は、工業高校の情報技術の教育に応用できる内容である。

Q33 工業科において環境・エネルギー教育はどのように行われているか

1 学習指導要領

　高等学校学習指導要領には、環境・エネルギー教育について、教科「工業」の目標の中に「環境及びエネルギーに配慮しつつ、工業技術の諸問題を主体的、合理的に、かつ倫理観をもって解決し、……」のように示されている。

　環境・エネルギー教育の重要性については、高等学校学習指導要領解説工業編に次のように示されている。

> 　環境保全、新素材や新エネルギー開発等に役立つ技術開発に主体的に取り組むなど、工業に関する諸問題を広い視野から適切に解決できる資質の育成が求められている。
> 　また、安全で信頼性のあるものづくりが求められており、法規を遵守し、技術者としての望ましい倫理観を身に付けることが重要となっている。
> 　そのため、地球規模の視点に立って、環境の保全やエネルギー制約などの課題に対応し、持続可能な社会の発展を図ることができるとともに、工業技術者としての規範意識、倫理観等をもって、課題解決を図ることができる工業技術者を育成する。

　環境関係の科目として「環境工学基礎」（生活環境の保全、環境に関する法規、環境対策技術など）と「地球環境化学」（地球環境と人間、資源とエネルギー、自然環境調査、環境の保全と化学技術、法規など）がある。

　環境関係の内容を含む科目として、「工業技術基礎」（人と技術と環境）、「原動機」（エネルギー変換と環境）、「自動車工学」（自動車と環境）、「電力技術」（省エネルギー技術）、「建築計画」（建築と環境）、「社会基盤工学」（社会基盤システム）がある。

2 実践例

実践例1　岡山県立水島工業高等学校
　　　　「バイオディーゼル燃料（BDF）のミニプラント）」

　「課題研究」の授業で、近隣の小学校から廃食油を回収し、これを原料にしてミニプラントでBDFを製造する。製造した燃料は、農業用トラクターや発電機による夜間照明の燃料として利用している。

実践例2　大阪府立佐野工科高等学校
　　　　「環境エネルギー技術センターの設置と開発型環境」

　当校内に「おおさか南部環境エネルギー技術センター」を設置し、環境エネルギーについて全校で様々な活動を行っている。その一例であるが、東日本大震災の被災地のテレビ放映を見て、燃料等がない被災地の過酷な条件で使用できる「廃材燃料給湯器」を考案・製作し、岩手県陸前高田の避難所に設置した。外層はステンレス板、熱交換器はらせん状に配した銅管である。10分もすれば43度のお湯が出て、15分で200リットルのバスタブを満たすことができる。近隣の被災者に毎日活用いただいたという評判がある。
　また、当校では商品化を目的とした「軽トラＥＶ車製造」など様々な取り組みが認められ、第5回ものづくり日本大賞（文部科学大臣賞）を受賞した。

実践例3　山形県立東根工業高等学校
　　　　「手作り太陽光電池パネルによる環境教育」

　社会に役立つことが実感できる教育のねらいとして、校内に「ものづくり委員会」を設置して様々な活動をしているが、環境とエネルギー教育の一環として、地域のNPO、企業等の協力を得て、生徒の手作りによる太陽光電池パネルを製作した。
　製作に当たっては、全校の生徒でセルのはんだ付けを行うとともに、「課題研究」の「自然エネルギーを活用した発電システムの考案と試作班」でパネルの完成工程、ラミネート工程、パネルモジュール、品質検査など精度の高い作業を行った。

Q34 工業科において安全教育はどのように行われているか

　文部科学省「生きる力をはぐくむ安全教育」では、安全教育について次のように述べている。

> 　安全な社会を実現することは、すべての人々が生きる上で最も基本的かつ不可欠なことである。安全とは、心身や物品に危害をもたらす様々な危険や災害が防止され、万が一、事件・事故災害が発生した場合には、被害を最小限にするために適切に対処された状態である。

　工業高校における実験・実習に際しての安全教育については、高等学校学習指導要領に「実験・実習を行うに当たっては、関係する法規等に従い、施設・設備の安全管理に配慮し、学習環境を整えるとともに、事故防止の指導を徹底し、安全と衛生に十分留意するものとする。また、化学工業、材料技術、セラミックス、繊維などに関する「実習」においては、排気、廃液などの処理についても十分に留意するものとする。」と明示されている。

1 安全計画、施設・設備の安全点検、評価

　学校における安全計画の作成は、学校保健安全法第27条に、「学校においては、児童生徒等の安全の確保を図るため、当該学校の施設及び設備の安全点検、児童生徒等に対する通学を含めた学校生活その他の日常生活における安全に関する指導、職員の研修その他学校における安全に関する事項について計画を策定し、これを実施しなければならない。」と定められている。

①学校安全計画の作成

　学校安全計画は、学校の教育目標・方針・重点目標、学校安全の実態と重点の確認及び前年度の計画・実践の総合評価を検討し、地域社会の実態を考慮して、生活安全、交通安全、災害安全（防災）の各分野の安全計画を作成する。

②点検の種類

　安全点検には、定期点検として月例点検、日常点検、臨時点検を実施する。また、消防法、劇毒物取締法の遵守が各教科等に求められることがある。

③安全教育の評価

　安全目標を達成するためには、内容や方法及び指導体制の確立が適切か、また、学校における生徒の実態や教材・教具、資料等の整備、地域の特性など広範囲に評価する必要がある。

2　事故・災害防止の基本事項

　事故や災害には必ずそれを引き起こす要因が存在し、物的、人的な不安全な状態であるときに起こりやすい。その防止対策を以下に示す。

①心構え

　実験・実習は、安全を第一に考え、不慮の事故が起こらないように留意して展開する。そのためには、指導者全員が安全に関する知識や技術を十分に身に付け、緊密な協力体制のもとに、安全計画を立てることが大切である。

②服装

　実習時の服装は、作業がしやすいものとし、上着の袖口や裾、ズボンなどが機械に巻き込まれないようにするなど、事故から身を守ることを第一とする。また、実習内容に応じて、安全靴など適切な防護具を使用する。

③環境

　消火器、防火用水（砂）を整備するとともに、通風、換気、採光を適切に行う。また、実験・実習室等の整理・整頓・清掃・清潔・躾（習慣）を徹底する。さらに、避難経路の整備と周知を行う。

　※　中央労働災害防止協会（JISHA）を参考とすることを勧める。

3　事故発生時の措置及び原因の分析

　安全教育の徹底を図り、事故や災害に対する未然防止を第一とすべきであるが、不幸にして発生した事故や災害に対しては、学校で設定した緊急対応マニュアルに沿って、迅速かつ適切に対応することが必要である。

　また、事故の要因を分析して、その因果関係を明らかにし、可能な限りの対策を講じて事故の再発を防止する。

参考文献　文部科学省『生きる力をはぐくむ安全教育』、2010

Q35 技術者倫理を育成するためにはどのような教育が必要か

1 技術者倫理の教育の必要性

今日、海外では自動車メーカーの環境基準試験偽装事件、国内ではマンションの構造偽装事件等が発生するなど、製造業、建築業のイメージを低下させる問題が続いている。学校教育において、このような技術者倫理の問題をどのように取り扱うかということは重要な課題である。

中央教育審議会答申（平成20年）において、学習指導要領改訂の基本的な考え方の中で、以下のことが示されている。

> 人間としての尊厳、自他の生命の尊重や倫理観などの道徳性を養い、それを基盤として、民主主義社会における法やルールの意義やそれらを遵守することの意味を理解し、主体的に判断し、適切に行動できる人間を育てることが大切である。

また、教科「工業」においては、「国際分業の進展と国際競争の激化が進む中、工業技術の高度化、環境・エネルギー制約の深刻化、情報化とネットワーク化の進展、技術者倫理の要請と伝統技術の継承の高まり等に対応し、新たな時代のものづくり産業を支える人材を育成する観点から、教科の目標については、従前の目標に加えて、環境及びエネルギーに配慮し、技術者倫理を確実に身に付け、実践的な技能をあわせもった技術者を育成するという趣旨を明確にする。」と示されている。これについて、高等学校学習指導要領解説工業編において、以下のようにその趣旨が示されている。

> 安全で信頼性のあるものづくりが求められており、法規を遵守し、技術者としての望ましい倫理観を身に付けることが重要となっている。そのため、地球規模の視点に立って、環境の保全やエネルギー制約などの課題に対応し、持続可能な社会の発展を図ることができるとともに、工業技術者としての規範意識、倫理観等をもって、課題解決を図ることができる工業技術者を育成する。

技術者倫理の教育について、各科目において以下のように取り扱っている。

「工業技術基礎」では、「技術者の使命と責任」の内容において、安全な製品の製作や構造物の設計・施行、法令遵守など工業技術者としての使命と責任について、調査や研究を通して具体的に理解させることとしている。

「実習」では、技術者としての倫理については、実習作業の適時、適切な場面において具体的に指導し、技術者としての使命や責任を自覚させ、総合的に理解させるようにすることとしている。その他、「建築構造設計」（建築構造設計に関する知識と技術を習得させ、構造物を安全で合理的に設計する能力と態度を育てる）、「土木構造設計」（土木構造物の設計に関する知識と技術を習得させ、構造物を安全で合理的に設計する能力と態度を育てる）、「化学工学」（災害の防止、安全管理の重要性及び法令遵守について理解させる）などの科目で取り扱われている。

2　技術者倫理の教育の留意点

技術者倫理の教育は、知識偏重であってはならない。モラルの観点からの課題が多くみられることから、情緒的な側面を重視することが大切である。すなわち、知識と意識の間で調和のとれた学習が大切である。

そのため、学校教育においては、知識や技能のような測定しやすい学力の側面と関心・意欲・態度や思考力・判断力・表現力のような測定しにくい学力の側面との調和が重要となる。

3　工業高校における実践例

「工業高校における"技術者モラル"教育実践のための教育システムの開発」（東京工業大学附属科学技術高等学校）

- 生徒の情意的側面に注目して、企業におけるモラルジレンマを模擬体験させるなど「技術者モラル」教育を実践した。
- 具体的な内容は、道徳傾向調査、Web-Worksheetによる知識調査、アニメーション教材による事件事例の解説、技術者モラル用教材による判断演習、Web-Worksheetによる事後調査などである。
- 事前・事後に調査を行ったところ、事前調査と事後調査との間に明らかな差異がみられるなど、授業実践の成果が実証されている。

4章

工業科における学習指導

Q36 子供の発達段階と学習指導との関係はどのようになっているか

1 子供の発達段階と学習

　コメニウスは、「母親学校の指針」を示し、1歳から6歳までの生活年齢別に詳細な学習目標を一覧表にまとめた。その項目は、認識・行為・言語の3問、16科目に細分化されている。例えば、「自然学では、自然の事物及び自然現象、自分の身体・四肢の名前と働きを学ぶこと」を幼児期の学習目標とした。デューイは、経験を重視して、新たな発見や失敗の体験が反省的思考として知識が生まれると述べている。
　子供は、日々の遊びや遊戯、自然との触れ合い、家族や友人との生活経験の中で、徐々に自己確立を図り表現力・判断力を身に付けている。成長につれ成功体験や失敗体験を積み重ねながら多くのことを学習し、知識・技能をスパイラル状に多重化・重層化しながら成長を続けている。

2 認知の発達段階

　子供は、2歳以前は外界との相互作用は感覚機能と運動機能とによって直接行われ自己欲求に支配される。前操作期（2歳から7歳まで）では、主観と客観が混在し幼児性が残るがイメージや表現力が育つ。7歳以後は擬人化ができ自己と他者との比較ができるようになり、さらに抽象化へと向かう。具体的操作期（7歳から12歳まで）からは外界への興味・関心が高まり、学習への欲求や将来への願望が強まる。表5にピアジェによる認知の発達段階を示す。

表5　認知の発達段階（ピアジェによる）

時期	感覚運動期	前操作期	具体的操作期	形成的操作期
年齢	誕生～2歳	2歳～7歳	7歳～12歳	12歳以後
思考	自己欲求	イメージや表現	擬人化	抽象化
心	欲望：支配力、闘争心、愛		願望：協調性、希望、理想、愛情	

桜井茂男「たのしく学べる最新教育心理学」図書文化社、2004より

3　工学的な学習

　子供たちは、基礎・基本の学習を通して、知識・技能を増やしていく。その中で、自然が引き起こす様々な現象を見るだけでなく、真実を理解しようとする探求心が生まれる。10歳前後から物事を柔軟に考えるようになり科学的な知識を学習する際にも知的行動を起こす。このような時期から自然の真理を探究する感受性が育てられると、粘り強く観察を続ける態度や自然現象の規則性を見出す能力が生まれる。

　工学的な学習では、自然現象の規則性を数値化し、原理・原則を人々に広く理解させることが求められる。未知の自然現象を解明するには、学習した知識・技能の発揮、観察・実験・実習による真実の探求意欲が必要となり、実験的学習行為がより高次の研究へとつながる。

4　教師の授業実践力の向上

　子供の発達には、教師の授業実践や教育方法、指導技術の改善が不可欠である。教師は学習を通して、子供に確かな知識・技能の定着を図らなければならない。そのためには、常に実践授業を評価し、授業を分析・解析したうえで、教育方法、指導技術の改善を図らなければならない。教師が教育目標を定め、授業実践し、授業分析し、改善を図り、経験を増していく。その構図を以下に示す。

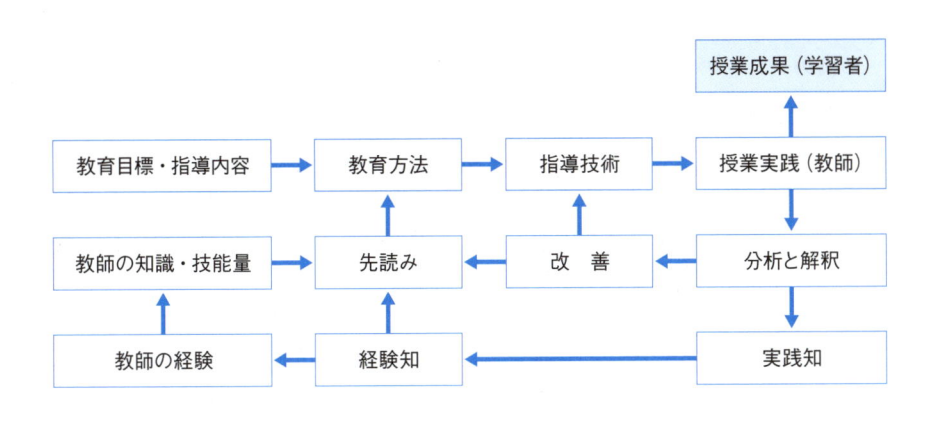

参考文献　森隆夫、新井郁男『教育経営と教育工学』ぎょうせい、1971

Q37 体験活動にはどのような意義があるか

　体験活動については、平成13年に学校教育法が改正され、第31条に「教育指導を行うに当たり、児童の体験的な学習活動、特にボランティア活動などの社会奉仕体験活動、自然体験活動その他の体験活動の充実に努めるものとる。この場合において、社会教育関係団体その他の関係団体及び関係機関との連携に十分配慮しなければならない。」と規定され、各学校においては、体験活動の充実に努めることが求められている。

　また、高等学校学習指導要領・総則には「学校においては、地域や学校の実態に応じて、就業やボランティアにかかわる体験的な学習の指導を適切に行うようにし、勤労の尊さや創造することの喜びを体得させ、望ましい勤労観、職業観の育成や社会奉仕の精神の涵養に資するものとする。」と示されている。

1　子供たちの体験活動における課題

　子供たちは、体全体を使って事物を理解しようとする。そのような体験活動では、「見る（視覚）」「聞く（聴覚）」「味わう（味覚）」「嗅ぐ（臭覚）」「触れる（触覚）」ことで、事物を感覚的に捉えることに大きな意味がある。自然体験的な学習は、こうした感覚すべてを使い感性を伸ばす。

　地域の人々との交流経験は、共同の精神や他者を大切するということを学んでいく。しかし、都市化の進展により人々との触れ合いは難しくなっている。

　インターネットやマルチメディアの発達により、様々な情報を得ることが以前より非常に容易になり、子供たちが膨大な情報に晒されている。このような時代では、情報の取捨選択が困難になり、子供たちが一つの物事に集中して考えたり、思いをめぐらせたりする機会が乏しくなっている。

2　体験活動の意義

　子供たちの思考力や判断力は、体験活動を通した基礎的・基本的な知識・技能の蓄積による。しかし、普段の教科学習だけでは、この知識・技能を様々な学習活動の場で活用していくこと、社会活動等に応用していくことが難しい。

体験活動は、子供たちを日常とは異なるフィールドに立たせ、子供たちの様々な課題解決に向け、「おや、なぜ、どうして」という課題意識を持たせることにある。そして、その思いを黙認することなく、日頃の学習に生かして課題解決を図る姿勢が大切である。その時には挫折や失敗がつきものであるが試行錯誤を繰り返し課題解決に活用することである。体験活動を通して、学習効果が高まるような指導法の工夫をすることによって、学んだことを実践することで「生きる力」の育成に資すると考える。

3　体験活動の効果

体験活動は、豊かな人間性、自ら学び、自ら考える力などの「生きる力」の基盤であり、子供たちの成長が期待できる。さらに、思考・判断・表現する力らを伸ばし、よりよい生活を創り出す。体験活動がもたらす具体的な効果を示す。

①現実の世界や生活などへの興味・関心、意欲の向上
②問題発見や問題解決能力の育成
③思考や理解の基盤づくり
④教科等の「知」の総合化と実践化
⑤自己との出会いと成就感や自尊感情の獲得
⑥社会性や共に生きる力の育成
⑦豊かな人間性や価値観の形成
⑧基礎的な体力や心身の健康の保持増進

4　体験活動の留意点

体験活動を行う場合の留意点を以下に示す。
①多様な体験活動の充実、②活動の推進体制の整備、③情報の収集・提供等、④多様な活動の場、機会の確保、⑤民間グループに対する施設利用の便宜供与、⑥指導者・協力者の確保、人材養成、⑦プライバシー・情報の保護、⑧安全確保、適切な応急処置

参考文献　文部科学省『体験活動事例集—体験のススメ—』、2008

Q38 問題解決学習とはどのような学習方法か

問題解決学習（problem solving learning）については、小学校学習指導要領及び中学校学習指導要領の総則「指導計画の作成等に当たって配慮すべき事項」で以下のように示されている。

> 各教科等の指導に当たっては、体験的な学習や基礎的・基本的な知識及び技能を活用した問題解決的な学習を重視するとともに、生徒の興味・関心を生かし、自主的、自発的な学習が促されるよう工夫すること。

各教科等の指導に当たり、体験的な学習とともに、問題解決的な学習を重視するよう奨励している。高等学校学習指導要領には、この規定は特に定められていないが、これらの学習は、高等学校においても重要である。

問題解決学習は、生徒が自ら進んで学習課題を捉え、解決に向けた学習活動をしながら追究し解明していく学習方法である。問題把握と解決思考による学習方法と言える。

1 総合的な学習の時間と問題解決学習

総合的な学習の時間の目標は以下のとおりで、問題解決学習を重視している。

> 横断的・総合的な学習や探求的な学習を通して、自ら課題を見付け、自ら学び、自ら考え、主体的に判断し、よりよく問題を解決する資質や能力を育成するとともに、学び方やものの考え方を身に付け、問題の解決や探求活動に主体的、創造的、協同的に取り組む態度を育て、自己の在り方生き方を考えることができるようにする。

具体的な学習方法として、生徒は、①日常生活や社会に目を向けたときに湧き上がってくる疑問や関心に基づいて、自ら課題を見付け、②そこにある具体的な問題について情報を収集し、③その情報を整理・分析したり、知識や技能に結び付けたり、考えを出し合ったりしながら問題を解決に取り組み、④明ら

かになった考えや意見などをまとめ・表現し、そこからまた新たな課題を見付け、さらなる問題の解決を始めるといった学習活動を発展的に繰り返す。

2 問題解決学習の授業展開

「課題研究」は、総合的な学習の時間の学び方と同様に問題解決学習を重視している。授業の展開例を以下に示す。

学習の流れ	学習形態	学習の視点
オリエンテーション ↓ テーマの整理 ↓ 希望テーマの決定 ↓ グループ分け ↓ 実施計画報告会 （実施テーマ決定） ↓ グループ別の オリエンテーション ↓　　　　　↓ 基礎技術の　調査研究 習得　　　研究の方針や 　　　　　解決方法 ↓　　　　　↓ 応用技術を絞り込む 応用技術の習得 ↓ 中間報告会・文化祭 展示や校外発表会 ↓ 課題の解決 ↓ 研究の整理 ↓ 報告書の作成 最終報告会の準備 ↓ 「課題研究」発表会 ↓ 自己評価 新たな課題発見 ↓ 終了	一斉授業(1) 一斉授業(2) 机間巡視 質疑応答 個別学習(1) 学習相談 グループ学習(1) グループ学習(2) グループ学習(3) 又は個別学習(2) 個別指導 学習相談 個別学習(3) 自由進度学習 習熟度別学習 個別指導 学習相談 個別学習(4) 一斉授業(3) 一斉授業(4) 机間巡視 個別指導	①テーマ設定の段階では、テーマを決定するだけでなく、テーマの整理を十分に行うことが大切である。 　課題解決の流れ　　　指導の段階 　・課題の発見　　　・資料提供・準備・構想 　　　↓ 　・研究内容の整理　　・可能性や方向性の確認 　　　↓ 　・テーマ内容の自己確認、・具体性の確認 　　方向性の決定 ②グループ構成 ③展開の段階では、自ら学習したい内容を発見し、明確な方向付けをする。 　事前にテーマ内容を　　準備・構想 　調査させる。 　　↓　　　　　　　　　↓ 　学習活動を通して　　　解明・確認 　課題の理解を促す 　　↓　　　　　　　　　↓ 　学習の内容を分析して　結果の整理 　自己評価させる 過去の学習内容を基にテーマ設定した生徒には、新しい知識や技術を取り入れ、幅広い学習活動が展開できるように配慮する。 ④まとめ 1年間継続した学習であり、全体を通した内容確認した上で結果をまとめさせる。 　学習内容を整理し　　　準備・構想 　まとめる 　　↓　　　　　　　　　↓ 　発表を通して　　　　　解析・確認 　自己評価させる 　　↓　　　　　　　　　↓ 　新たな課題を　　　　　整理・結果 　発見させる

参考文献　石坂政俊『工業科における「課題研究」の指導法の工夫と教材の開発』、1990

Q39 学習指導案はどのように作成するか

学習指導案とは、授業の指導過程を具体的に示した指導計画のことである。様式は特に定められていないが、ここでは、近年一般的に用いられている形式を例にして、学習指導案の記載事項を示すこととする。

工業技術基礎　学習指導案

　　　　　　　　　　　　　　　　　　日時、場所、対象、授業者

1　単元名
2　単元の目標
3　単元の評価規準
4　指導観　（1）生徒観
　　　　　　（2）教材観
5　単元の指導計画
6　本時　　（1）本時の目標
　　　　　　（2）教材教具
　　　　　　（3）本時の展開

	学習活動	指導上の留意点	評価方法
導入			
展開			
まとめ			

1～5は単元全体の計画、6は本時の計画を表す。

　2の単元の目標は学習指導要領に示された目標、内容とその取扱い等を踏まえ簡潔に示す。例えば、「人と技術と環境」の単元では、「人と技術、技術者の使命と責任及び環境と技術について取り扱い、人と技術と環境に関する知識と技術を習得させる」などと記載する。

　3の単元の評価規準は、関心・意欲・態度、思考・判断・表現、技能、知識・理解の各観点別に示す。「評価規準の作成、評価方法の工夫改善のための参考資料」（国立教育政策研究所教育課程研究センター）等を参考にするとよい。

　4の指導観であるが、最近の学習指導案には生徒観や教材観などの指導観を示すものが多い。生徒観では、日頃の授業における生徒のよい点や課題となる点を示す。例えば、「活発な学級であり、ものづくりに興味を示し、作業にまじめに取り組み、よりよいものを作ろうとする意欲がある」などと記載する。教材観では、学習指導要領の内容の取扱いを参照しつつ、生徒観を踏まえ、本単元の教材についての考え方を示す。例えば、「安全な製品を製作することをテーマとし、工業技術者として必要な使命と責任について理解させる」などと記載する。

　5の単元の指導計画では、指導項目、配当時間、各指導項目の概要を記載し、単元全体の計画における本時の位置付けを示す。

　6の本時については、目標及び教材教具を示したうえで、本時の展開を示す。本時の展開は、通常、導入－展開－まとめの3つの学習段階で構成される。それぞれの時間配当も示しておく。学習段階ごとに学習活動、指導上の留意点、評価方法などを示す。「学習活動」には、主体的な学習を促す観点から、例えば、～の説明を聞く、～について話し合いをする、～を調べるなど、学習者の視点で学習活動を示す。「指導上の留意点」には、学習項目（配列、順序）、学習方法（説明、指示、発問、板書、実験、演習、調査、話し合い等）、学習形態（一斉、個別、グループ）などを導入－展開－まとめの学習段階ごとに示す。また、「評価方法」には、単元の評価規準に基づき何をどのように評価するかを具体的な学習活動に対応させて示す。指導と評価を一体的に捉えて授業を計画することが大切である。

Q40 多様な指導形態とはどのようなことか

　学校教育における授業の基本型は一斉指導である。一斉指導とは、学級全員で、同じ学習課題について同じ学習時間の中で同じ教材を用いて結論に向かって追究する形態である。
　一斉指導には、多人数に対して効率よく授業を行うことができるという利点がある一方、画一的で学習の習熟に個人差が生じやすいこと、受動的で主体性や創造性が育ちにくいことなどの欠点があることが指摘されている。
　一斉指導における個人差と受動性の問題について検討したい。

1　個人差の解消

　個人差には、量的な個人差（学習速度の差、学習到達度の差など）と質的な個人差（学習適性の差、興味・関心の差など）とがある。
　学習速度の差に対応するためには、例えば、課題等を行う個別学習の場面を設け、個々の状況に応じて与える課題の量を加減したり、課題ができた生徒のために発展的な学習課題を用意したりすることなどが考えられる。
　学習到達度の差に対応するためには、一斉指導の中で机間指導、ノート点検などを適宜行い、個別の到達状況を把握したり、個別に学習の補充を行う時間を設けたりすることなどが考えられる。**ブルーム**（Bloom）が実践した**完全習得学習**（mastery learning）は、個別の補充指導により全員の習得を目指す学習方法である。また、学習集団そのものを学習到達度に応じて編成し、それぞれのレベルに応じた教育を行う**習熟度別少人数指導**が、数学、英語などの教科を中心に行われている。
　学習適性の差に対応するためには、自分の得意なスタイルで学べるようにする。例えば工業科の「課題研究」などでは、一人で研究するか、グループで研究するかを選択させることが考えられる。
　興味・関心の差に対応するためには、複数の学習課題を提示し、その中から興味ある課題を選択させる学習課題選択方式、課題を自由に選択し課題解決を図る学習課題設定方式がある。工業科の「実習」や「製図」等では、学習課題

選択方式が可能であり、「課題研究」は学習課題設定方式の学習方法である。

2　受動性の解消

　受動性を解消する手立てとして、多く用いられる技術が発問である。疑問を投げかけることにより思考を促し、生徒の応答とそれに対するKR（Knowledge of Result）により、能動的な学習が生み出される。

　また、一斉指導の中で適宜、グループ学習を取り入れることは、能動的な学習を促す。**バズ・セッション**（buzz-session）は、少人数の班に分かれて意見交換を行い、出された意見をまとめて全体の場で発表し討議していく学習方法である。**オズボーン**（Osborn）が開発した**ブレインストーミング**（brain storming）は、他人の意見に反発や批判をしてはいけないというルールのもとに、参加者の誰もが自由な雰囲気で自分の意見を出し合い、意見の質より量（多様なアイディア）を重視する話し合い活動である。意見は模造紙や黒板に書いたり、付箋を貼ったりして整理する。

　一斉指導の中で適宜、個別学習を取り入れることにより、主体的な学習を促進することが可能になる。一斉指導で説明したのちに、課題を与えて解答させる学習などはよく行われる。自主的な学習ができるようになれば、一人学習も可能になる。個別学習を行う場合には、教師は生徒の学習状況を把握しながら、適切に支援する必要がある。この支援をコンピュータに行わせるのが、CAI（Computer Assisted Instruction）である。学習速度、学習到達度、興味・関心、学習スタイルなどに応じた学習が可能であり、コンピュータと対話しながら個別学習を行うことが可能となる。

　教育方法の改善については、教育再生実行会議・第七次提言において、小・中・高等学校から大学までを通じて、課題解決に向けた主体的・協働的で、能動的な学び（**アクティブ・ラーニング**）へと授業を革新し、学びの質を高め、その深まりを重視することが必要であることを示している。アクティブ・ラーニングについては、問題発見・解決を念頭に置いた深い学び、自らの考えを広げ深める対話的な学び、見通しを持って粘り強く取り組み自らの学習活動を振り返って次につなげる主体的な学びなどの視点で検討がなされている。

Q41 授業におけるコミュニケーションで大切なことは何か

　通常の一斉授業では、主に説明、指示、発問により授業が進められるが、これ以外にも教師は授業の中で、学習者との間で様々な会話を行っている。
　フランダース（Flanders）は、授業における教師と学習者との発言を分類し、教師の発言には、①感情や雰囲気の受容、②賞賛・励まし・承認、③生徒の考えの受容と発展、④発問、⑤説明・講義、⑥指示、⑦批判・叱責、学習者の発言には、⑧教師への応答、⑨自発的な発言があり、両者が発言をしない沈黙の時間もあることを示している。

1　感情や雰囲気の受容

　授業の導入の前や授業の節目で、一人一人の生徒に配慮した言葉かけ、教室の環境が整っているかの確認、休憩から学習に切り替える意欲の喚起などを行う。生徒の感情や教室全体の雰囲気を受容しながら、学習へと向かわせるコミュニケーションである。授業内容には直接かかわりがないが、授業の雰囲気づくりに欠かせない会話である。
　例えば、「かぜがはやっているけど、体調の悪い人はいませんか」などといった一人一人の生徒に配慮した言葉かけは、生徒をかけがえのない存在として認める教師の姿勢を示している。
　また、「黒板が光って見えづらいかな。窓際の人はカーテンを引いてくれますか」、「少し空気が悪いから窓を開けて換気しよう」などといった学習環境を整える言葉かけは、生徒の立場を尊重し、学びやすい環境づくりに配慮したものである。

2　生徒の考えの受容と発展

　生徒が発する自発的な発言や質問に対して、教師がどう応答したらよいか。授業の展開の中で、こうした生徒の発言は大切にしたい。
　例えば、「いい質問だ。大切なことだから今のことをもう少し説明しよう」、「その通り。いいアイディアだ。同じことを考えた人はいますか」などといっ

た応答は、生徒の発言に傾聴し、共感する態度を示している。発言をその後の授業の展開に生かすことにより、生徒は自分の考えが受け入れられたと感じ、学習意欲が高まり、さらなる発言が促される。

3 指示

指示とは、授業の中で行動、活動、作業などを命じることである。

指示には管理的な指示と教育指導を含む指示とがある。「教科書を音読しなさい」、「ノートをとりなさい」、「問1を解きなさい」などは授業の進行をコントロールする管理的な指示である。また、「身近なものから考えなさい」、「手順どおりに作業しなさい」などは教育指導を含む指示である。

4 批判・叱責

授業のルールに従わない生徒に対しては、時として批判や叱責を行う。

ルールに従わない行為には、例えば、準備（遅刻、忘れ物、教材を準備しない）、態度（私語、居眠り、内職）、意欲（集中しない、やる気ない）、逸脱（携帯電話、飲食、音楽、漫画）、反抗（妨害、無視、指示に従わない）などがある。

批判・叱責に当たっては、守れるまで繰り返し注意する、小さな不正も見逃さない、例外を認めず公平に対応する、妥協せず毅然とした態度をとるなどが求められる。生徒同士でルール順守の機運を高めていくことも大切である。

5 賞賛・励まし・承認

勉強が遅れがちな生徒には、批判・叱責を行うより、励ましや支援を行うことが重要である。「もっと早くしなさい」、「やる気があるのか」、「何度教えたらわかるのか」、「こんな考え方しかできないのか」などという批判・叱責は生徒の学習意欲を高めることにはつながらない。これを励まし・承認の言葉にすると、「ゆっくり考えていいよ」、「やる気を出せばできるようになるよ」、「前に学んだことを思い出そう」、「他によい考え方はないかな」などになる。

6 沈黙

考えさせるとき、ノートをとらせるとき、問題を解かせるときには、沈黙して集中させる。こうした場面での教師の発言は、時として生徒の思考や集中を妨げることになる。沈黙の時間も大切にしたい。

Q42 思考を促すためにどのように発問を行うか

　授業における会話の日常会話にはない特徴は、知っている人（教師）が知っていることを聞くことである。授業では、発問（teacher initiative）→ 応答（student response）→ 評価（teacher evaluation）というやりとりがある。
　発問とは、教師が授業の中で児童生徒に問いかけること及びその問いのことである。発問には児童生徒の思考を促す効果が期待できる。

1　指示と発問

　「プロペラの回っている方向を見てください」―これは発問ではなく、指示である。プロペラの回転方向に注目させ、意識させることがねらいである。
　「プロペラは、どうして時計回りに回るのだろうか」―これは発問である。プロペラの回転方向が時計回りになっていることの理由を考えさせる問いかけである。

2　主発問と補助発問

　「工業技術基礎」において「技術者の使命と責任」に関する授業で、「安全な製品を作るにはどのようなことに配慮する必要があるか」という問いかけをしたい。これは、本時の目標にかかわる中心的な問い（主発問）である。しかし、最初からこのような問いかけをしても生徒は答えにくい。例えば、「幼児が使うおもちゃは安全性についてどのように配慮されているか」という発問をし、具体的な題材からイメージさせてみる。これは、主発問を補ったり詳しくしたりする問い（補助発問）である。

3　閉じた発問と開いた発問

　「スチールウールを燃やすと重さはどうなるか。軽くなるか、重くなるか」これは、答えが限定される問い（閉じた発問）である。応答に対して、「では、なぜ重く（軽く）なるのか」という問いを発する。これは答えが多様で発展性のある問い（開いた発問）である。

4　発問の機能

いくつかの発問の例から、発問の機能について検討する。

①導入での発問

「オームの法則の公式は何でしたか」―授業の導入で、前時の復習を行う際に、既習事項を確認する発問である。

「ここにボールペンが5本あります。どれを買いたいと思いますか」―身近なものを題材にして興味・関心を高めようとする発問である。

②展開での発問

「10進数以外にどのようなものがあるか」―日常の中で、10進数以外の進数を考えさせ、思考を広げる発問である。

「日本がなぜ地震が多いのかな」―理由・根拠を考えさせ、思考を深める発問である。

「アナログ時計とディジタル時計との違う点は何かな」―他のものと比較し、相違点や類似点を考えさせる発問である。

「この問題はどうやって解いたのかな。途中でどんな式を立てたのかな」―問題解決の過程を振り返りさせ、思考過程を確認する発問である。

「砂と塩を分けるには、どうすればよいのかな」―物質の分離について問題解決の方法を考えさせる発問である。

「本当にそうなのか。こういう場合でも当てはまるのか。逆の場合でも成り立つかな」―自明の前提や正答に対して疑問を投げかける発問である。

「○○さんの意見もおもしろいと思いますが、賛同する人はいますか」―少数意見を支持することにより、逆の考えにも耳を傾け自分の意見について再確認させる発問である。

③まとめでの発問

「酸化とはどのようなことか説明してください」―本時の学習を理解したかを確認する発問である。

「調べてみて何が分かったかな」―学習成果を発信させる発問である。

参考文献　田中耕治編著『よくわかる授業論』ミネルヴァ書房、2007

Q43 板書を効果的に行うにはどのような工夫が必要か

1 板書の意義と効果

　板書の意義は、授業内容を文字化することにより、学習を援助することにある。

　授業における説明、指示、発問などのコミュニケーションは、話し言葉が中心である。話し言葉は聴覚を刺激し、多くの情報を伝えることができるが、一過性であるため記憶に残りにくい。これに対して、板書などの書き言葉は、視覚を刺激し、話し言葉と比べると情報の量は少ないが、整理された情報を伝えることができ、繰り返し確認することができる。

　板書は授業の展開の中で、次のことを行うときに効果的である。
・指導課題を提示し明確化する（授業のテーマや本時の目標の明示など）
・授業のプロセスを明示する（指導内容の要約・整理など）
・指導内容を強調する（重要事項の提示・確認など）
・児童生徒の思考を促進する（考えるポイントの提示、思考過程の可視化など）

2 板書の形態

　板書の形態としては、要点を整然と体系的にまとめる板書方法と生徒の発言をそのまま表現する板書方法とがある。

　体系的にまとめる板書方法は、系統的な知識を理解するうえで有効である。ノートに記録することにより、授業内容を整理することができ、振り返りにも役立つ。

　発言を表現する板書方法は、生徒の発言を中心に展開する場合に有効である。板書を進めることにより、新たな発言を触発することができる。また、発言の根拠や理由を明らかにさせたり、他の発言との類似点や相違点などに気づかせたりするなど、授業の展開に役立つ。

　板書は限られたスペースの中でコンパクトにまとめてポイントを的確に表現

する必要がある。このため、要点を箇条書きにして整理したり、文字だけで表現するのではなく、「→」「＝」「＞」などの記号を使い文章間の関係性を表現したりするなどの工夫が必要である。また、重要事項は、色チョーク、下線、囲みなどにより強調することも大切である。また、よく使う単語については短冊にして黒板に貼り付けるなど、表現に変化をつける工夫も必要である。

3 ICTの活用

　板書は、文字、図などを表現することは可能であるが、多様な情報を表現するには限界がある。写真、地図、グラフなどを提示したい場合には、資料を黒板に貼り付けるなどして、板書の欠点を補う必要がある。映像やインターネットの情報などを表現したい場合には、ＩＣＴの活用が必要になる。

　黒板の欠点を補う教具として活用され始めているのが、**電子黒板**である。電子黒板はパソコンの画面をプロジェクターで黒板に直接投影して提示することができ、電子ペンを使用して画像に重ね合わせ書き込みをすることが可能である。大型ディスプレイに映し出し、タッチパネルとして画面に書き込むことができるタイプのものもある。

　「平成25年度学校における教育の情報化の実態等に関する調査結果」によると、全国の公立学校における電子黒板の整備状況は、平成21年頃から急速に増加し、平成26年3月現在で82,528台、電子黒板のある学校の割合は76.4％となっている。

　電子黒板を使用することにより、図、グラフ、地図、写真、動画、シミュレーション画像、インターネットからのリアルタイムの情報など様々な情報を表現することが可能になる。

　ＩＣＴの活用については、高等学校学習指導要領・総則に「各教科・科目等の指導に当たっては、生徒が情報モラルを身に付け、コンピュータや情報通信ネットワークなどの情報手段を適切かつ実践的、主体的に活用できるようにするための学習活動を充実するとともに、これらの情報手段に加え視聴覚教材や教育機器などの教材・教具の適切な活用を図ること。」と示されている。

Q44 教育評価はどのように行われているか

　高等学校学習指導要領には、教育評価について「生徒のよい点や進歩の状況などを積極的に評価するとともに、指導の過程や成果を評価し、指導の改善を行い学習意欲の向上に生かすようにすること」と示されている。

1　生徒のよい点や進歩の状況などの積極的な評価

　表6は指導要録の変遷を示したものである。**指導要録**とは、児童生徒の学習と健康の状況を記録した書類の原本であり、学校での指導の資料となるだけでなく、外部に対する証明等の原簿ともなるもので、学校教育法により作成と保存が義務付けられている。指導要録の取扱いにかかわり、教育評価の具体的な方法が示されている。

表6　指導要録の変遷

指導要録の改訂	観点別評価	評定	備考
昭和55年	観点別評価（絶対評価）を導入	小中学校：相対評価 高校：絶対評価	小1・2：3段階評定 小3～・中・高校：5段階評定 個人内評価を所見欄に記載
平成3年	4観点 A、B、C 絶対評価	小中学校：相対評価 （絶対評価を加味） 高校：絶対評価	小1・2：評定廃止 小3～6：3段階評定 中・高校：5段階評定
平成13年	4観点 A、B、C 絶対評価	絶対評価	総合的な学習の評価欄新設
平成22年	4観点 A、B、C 絶対評価	絶対評価	小学校：外国語活動評価欄新設 中・高校：部活動の記録を記述

　高等学校における教育評価は、絶対評価（目標に準拠した評価）で行われている。**絶対評価**とは、あらかじめ決めた各教科の目標の到達点に対する到達度を評価するものであり、到達度評価とも呼ばれる。小・中学校ではかつては、相対評価（集団に準拠した評価）が採用されていた時代があった。**相対評価**とは、ある集団の中でのその人の位置を決める評価のことである。一人一人のよい点や進歩の状況を評価するためには、集団の中での順位で判断するのではなく、目標に照らした達成度を評価し、指導の改善に生かすことが重要であるこ

となどの理由から、絶対評価に移行してきた。

絶対評価を高い精度で行うためには、評価規準を明確に定め、学校が地域や生徒の実態に即して定めた当該教科・科目の目標や内容に照らし、その実現状況を総括的に評価する必要がある。

評定に当たっては、知識や技能のみの評価など一部の観点に偏した評定が行われることのないよう「関心・意欲・態度」、「思考・判断・表現」、「技能」及び「知識・理解」といった観点による評価を十分踏まえながら評定を行うとともに、評定が教師の主観に流れて妥当性や信頼性等を欠くことのないよう留意する必要がある。

絶対評価により評定の段階を示すだけでは、生徒のよい点や進歩した状況を詳細に表しきれないので、個人内評価が併用されている。**個人内評価**とは、個人に視点を当て、過去の成績と比較した変化（進歩・停滞・後退）を評価するものである。個人内評価は、評定には直接反映されないが、指導要録の「所見欄」に一人一人の生徒のよい点や進歩の状況を記載する。

2　指導の過程や成果の評価

教育評価はどの時点で行ったらよいか。指導前に評価するのが**診断的評価**である。レディネステストや基礎学力診断テスト、面接などを行い、前提となる基礎学力、学習意欲・態度の評価を行い、授業の指導計画に役立てるものである。

指導の途中で行う評価を**形成的評価**と言う。形成的テスト（小テストなど）、発問と応答、机間指導などを通して、一人一人の学習状況、特につまずきを発見し、指導計画、内容・方法の改善・修正に役立てるものである。評価したことはその後の指導に役立てる必要がある。

単元の終わり、学期末、学年末等において、目標に対する到達度を評価するのが**総括的評価**である。学期末テスト、学年末テスト、レポート、作品制作などにより、到達度を総合的に評価する。

教育評価において、成果のみを評価するのではなく、指導の過程についても評価し、進歩の状況把握することが大切である。そのためには、生徒一人一人の学習到達の過程や結果がわかるように資料を集積することが必要となる。このようにして評価することを**ポートフォリオ評価**という。

Q45 学習意欲を高めるためにはどのような工夫が必要か

1 学習意欲とは

学習意欲（Study Volition）は、学習活動における興味・関心、欲求・思考の高まりを示す場合に用いられる。心理学的に明確に規定された概念ではなく、学習者の様々な要因によって変化すると言われている。学習意欲の特徴を以下に示す。

①**内発性**：学習活動を自発的に取り組み、学習目標を自分自身で定める内発性は学習意欲や興味や関心を高める。

②**自律性**：自ら学習課題や学習目標を定め学習計画に従った学習活動は学習効果が大きい。

③**有意性**：学習活動での知識・技能の習得連鎖は、満足感や自信を生みさらなる学習意欲につながる。

2 学習意欲の要素・構造

学習意欲には、学習者自身の自発的動機づけ、他者による学習喚起や刺激による外発的動機づけ、学習者の学習環境や心理的な影響で学習意欲を示さない無気力な状況が想定される。学習活動には、探求心や好奇心、知識・技能の獲得意欲の持続が求められる。

学習者は、学習活動に希望や期待と同時に不安や消極性を持ち学習している。学習者と教師が信頼し合った学習活動も重要な要素である。学習意欲の要素を以下に示す。

①**興味・好奇心**

新たな学習に対して、自然に興味や好奇心が喚起され、内発的動機づけとなる。

②**有能思考**

効果的な学習は、有能さを自覚しさらなる知識・技能を追求し、高度な学習課題に向かう傾向が高まり、有能思考が強まる。

③過度の緊張感の回避

　テストでの緊張感や難解な課題解決学習は始めから失敗感を抱かせる場合がある。学習者に解決可能な課題を設定するなどの配慮も必要である。

④原因帰属

　学習意欲の強い学習者ほど、成功を過信し安定要因とする傾向が強い。失敗は他者の責任とする不安定要因とする傾向が強い。

3　学習意欲を高めるには

　児童生徒は、学習の積み重ねにより難解な問題が解けたり、実験や実習で得た知識や技能を生かして新たな課題が解決できたりする喜びや感動が次への学習意欲を育む。学習成果における成就感や達成感、成功体験を導くためには、児童生徒の学習に適した内発的動機づけや外発的動機づけを見極めた学習指導が必要である。

①知的好奇心の喚起

　教師は、児童生徒の知識・技能を把握し、適切な時期に適切な教材を整え提示することにより適度な緊張感や意欲・関心を持続させることができる。その際、成功体験だけでなく挫折感や失敗体験も成就感や達成感に大きく影響する。また、児童生徒一人一人の学習達成目標や指導方法は画一的なものではなく、学習意欲の喚起には、学習者が有する心情的衝動を把握し学習展開することも必要である。

②学習者の心情的衝動の把握

　児童生徒は、自信と不安を抱きながら学習活動を進めている。例えば、与えられた課題内容により、学習者間で優越感を感じたり劣等感を感じたりといった心情的衝動の中で学習活動を進めている。児童生徒一人一人の心情的衝動を見極め適切な指導助言することが学習意欲を高めるうえで重要である。

【心情的衝動の改善の視点】
- 消極的な側面の改善を図る。（有意性－消極性）
- 協働して学習を進める学習環境を整える。（連帯感－孤独感）
- 閉塞感の要因を解消し、恒常性を維持する。（恒常性－閉塞感）

参考文献　金井達蔵、渋谷憲一『個性を生かす指導と評価』図書文化社、1988

Q46 言語活動を充実するためにどのような工夫が必要か

　高等学校学習指導要領・総則の一般方針において、生徒に生きる力を育むことを目指し、その際に、生徒の発達の段階を考慮して、生徒の**言語活動**を充実するよう配慮しなければならないことが示されている。
　また、教育課程の実施等に当たって配慮すべき事項の第一に、「各教科等の指導に当たっては、生徒の思考力、判断力、表現力等を育む観点から、基礎的・基本的な知識及び技能の活用を図る学習活動を重視するとともに、言語に対する関心や理解を深め、言語に関する能力の育成を図る上で必要な言語環境を整え、生徒の言語活動を充実すること。」と示されている。

1 言語活動の意義

　学習活動には、受容的な学習活動と表現的な学習活動とがある。
　受容的な学習活動には、聴取活動（聞く）、観察活動（見る）、読書活動（読む）などがあり、表現的な学習活動には、談話活動（話す）、作文活動（書く）、実践活動（行う）などがある。
　言語活動にかかわる教育活動は、話す、聞く、読む、書くという4技能を活用した学習活動と言える。
　言語活動の意義については、中央教育審議会答申（平成20年）において、「言語は知的活動（論理や思考）の基盤であるとともに、コミュニケーションや感性・情緒の基盤でもあり、豊かな心を育む上でも、言語に関する能力を高めていくことが重要である」と述べられている。
　言語活動の中心的役割を担う国語科において、これらの言語の果たす役割に応じ、的確に理解し、論理的に思考し表現する能力、互いの立場や考えを尊重して伝え合う能力を育成することや我が国の言語文化に触れて感性や情緒を育むことを重視する必要がある。
　また、各教科等においては、国語科で培った能力を基本に、それぞれの教科等の目標を実現する手立てとして、知的活動（論理や思考）やコミュニケーション、感性・情緒の基盤といった言語の役割を踏まえて、言語活動を充実さ

せることが必要である。

2 工業科における言語活動

　工業科においては、工業の各分野に関する実践的なものづくりを通して身に付けた知識、技術及び技能を確実に習得させ活用する能力を育成する観点から、実習（実験）におけるグループでの活動などを通して論理的に討議するなどの言語活動を行い、工業技術者としての規範意識、倫理観等をもって、自ら考え、課題を探究し解決する実践的な態度を育成するための学習活動を充実することが大切である。

　具体的には、次のような活動が考えられる。

①実習・実験において、グループ内で実習工程や実験方法などについて話し合い、どのような結果が得られるかを予測し、得られた結果について比較・検討し、なぜ、そのような結果となったのか、その原因について、論理的に自分の考えをまとめて討議するなどの学習活動を充実する。

②実習等の報告書の作成に当たっては、読解力や情報を選択する能力を身に付ける観点から、図書館やＩＣＴなどを活用して調査し、得られたデータや結果と自らの有する知識・経験と結び付けて分析・評価、比較考察、批判的検討を加え、自分の意見を論述するなどの学習活動を充実する。

③様々な場面において、ＩＣＴを利用して情報を的確に収集・処理・活用したり、小グループで討議し、討議した内容を発表したりするなど、自分の考えを表現する学習活動を充実する。

参考文献　文部科学省『言語活動の充実に関する指導事例集【高等学校版】』、2012
　　　　　中央教育審議会『幼稚園、小学校、中学校、高等学校及び特別支援学校の学習指導要領等の改善について（答申）』、2008

5章

工業科における生徒指導・進路指導

Q47 工業高校における卒業後の進路はどのようになっているか

工業高校における卒業後の進路について、全工協会調査（平成27年度）に基づき、以下に示す。

1　就職状況等

①就職状況

近年の工業科卒業者の就職率の推移を図1に示す。**就職率**は、平成元年度頃から減少してきたが、平成14年度の50.2％を底に年々上昇し、一時リーマンショックの影響もあったが、その後上昇傾向にあり、平成26年度には63.7％となっている。また、地元（県内）への就職者は、平成21年度以降微増しており、平成26年には73.7％となっている。

求人倍率は、平成26年度において、高等学校卒業者全体では1.85倍であるが、工業科卒業者は5.76倍と高倍率である。また、工業科の就職内定率は、全国平均で99.5％と高等学校の学科別で最も高い数値を示している。

平成26年度における就職状況を職種別にみると、技術・技能が全体の85.0％を占め、業種別では、製造業55.0％、建設業14.9％、運輸・通信5.6％、サービス業5.4％である。

就職未内定者は、平成26年度は0.3％であり過去最低となっている。

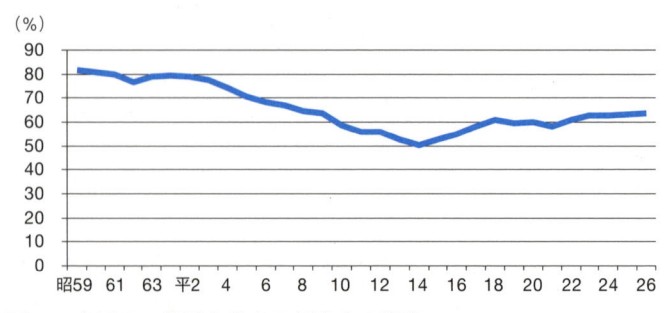

図1　全国の工業科卒業者の就職率の推移

②離職状況

　平成20年度から全工協会・東海地区（4県）において、離職率調査を実施している。平成20年4月入社の工業科卒業生のその後3年間の離職状況を調査した結果、**離職率**は14.7％であった。過去6年間の調査をみても、離職率は約20％以下という状況が続いている。高卒就職者全体の離職率は39.7％（平成23年度）となっており、工業科卒業者の離職率は低いと言える。

2　進学状況

　工業科卒業者の進学率の推移を図2に示す。**進学率**は、就職率とは逆に平成元年度以降、急速に増加している。平成元年には17.1％であったが、平成13年度には43.2％にまで上昇し、その後は横ばいの状況が続いている。進学者のうちの大学（4年制）進学率を図3に示す。進学者の内訳は、四年制大学が40％前後、専修・各種学校が45％前後で推移している。

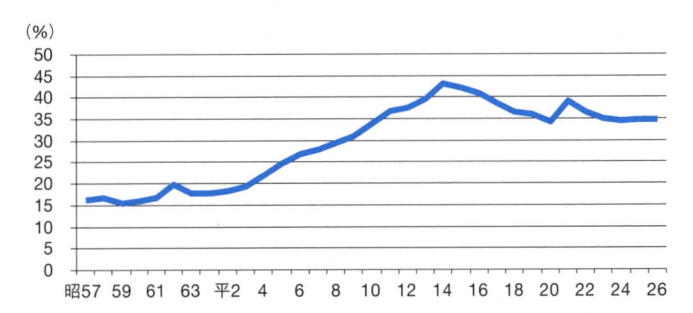

図2　全国の工業科卒業者の進学率の推移

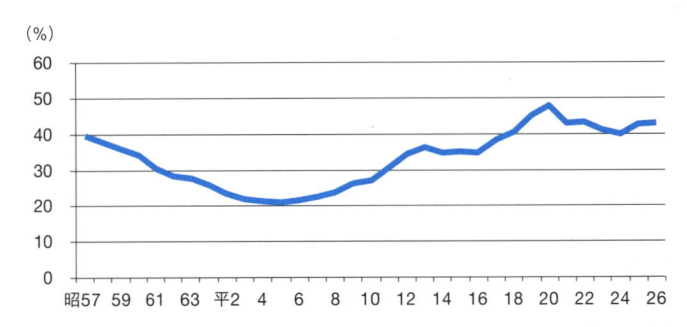

図3　全国の工業科卒業者の進学者のうちの大学（4年制）進学率の推移

参考文献　全工協会『進路対策委員会報告』、2015

Q48 キャリア教育で大切なことは何か

1 キャリア教育の必要性

キャリア教育の必要性については、高等学校学習指導要領・総則で次のとおり示している。

> 生徒が自己の在り方生き方を考え、主体的に進路を選択することができるよう、学校の教育活動全体を通じ、計画的、組織的な進路指導を行い、キャリア教育を推進すること。

今後の学校教育において、社会の変化に主体的に対応できる能力の育成を重視する観点から、生徒が自らの在り方生き方について考え、将来の夢や希望を抱き、その実現を目指して、自らの意志と責任で自己の進路を選択決定する能力や態度を育成することが重要である。

また、国際的には OECD は、「知識基盤社会」の時代を担う子供たちに必要な能力として、個人と社会及び自己と他者との相互関係、個人の自律性と主体性等の観点を考慮して考えることが必要であると提唱している。

2 キャリア教育とは

「今後の学校におけるキャリア教育・職業教育の在り方について」（平成23年中央教育審議会答申）では、キャリア教育について次のように定義している。

> 「キャリア教育」とは、「一人一人の社会的・職業的自立に向け、必要な基礎となる能力や態度を育てることを通して、キャリア発達を促す教育」である。
> キャリア教育は、特定の活動や指導方法に限定されるものではなく、様々な教育活動を通して実践されるものであり、一人一人の発達や社会人・職業人としての自立を促す視点から、学校教育を構成していくための理念と方向性を示すものである。

3 キャリア教育の基本的方向性

学校は、生涯にわたり社会人・職業人としてのキャリア形成を支援していく

機能の充実を図るため、幼児期の教育から高等教育まで体系的にキャリア教育を進めることが必要である。そのため基礎的・基本的能力を確実に育成するとともに、社会・職業との関連を重視し、実践的・体験的な活動を充実することが重要である。

また、学校において、社会的・職業的自立や社会・職業への円滑な移行に必要な力を明確にする必要がある。その力に含まれる要素は、「基礎的・基本的な知識・技能」、「基礎的・汎用的能力」、「論理的思考力・創造力」、「意欲・態度及び価値観」、「専門的な知識・技能」で構成される。

4 「基礎的・汎用的能力」の具体的内容

「基礎的・汎用的能力」の具体的内容は、「人間関係形成・社会形成能力」、「自己理解・自己管理能力」、「課題対応能力」、「キャリアプランニング能力」の4つの能力で示されている。

①人間関係形成・社会形成能力
多様な他者の考えや立場を理解し、相手の意見を聴いて自分の考えを正確に伝えることができ、自己の立場を把握し、他者と協力・協働して社会に参画し、今後の社会を積極的に形成することができる力である。

②自己理解・自己管理能力
自分が「できること」、「意義を感じること」等について、社会との相互関係を保ちつつ、今後の自己の可能性を主体的に考え行動すると同時に、思考や感情を律し、今後の成長のために学ぼうとする力である。

③課題対応能力
仕事をする上での様々な課題を発見・分析し、適切な計画を立ててその課題を処理し、解決することができる力である。

④キャリアプランニング能力
多様な生き方に関する様々な情報を適切に取捨選択・活用しながら、自ら主体的に判断してキャリアを形成していく力である。

参考文献 中央教育審議会答申『今後の学校におけるキャリア教育・職業教育の在り方について』、2011

Q49 インターンシップ（就業体験）にはどのような教育的意義があるか

1 インターンシップの目的

高等学校学習指導要領・総則では、**就業体験**について次のとおり示している。

> 学校においては、キャリア教育を推進するために、地域や学校の実態、生徒の特性、進路等を考慮し、地域や産業界等との連携を図り、産業現場等における長期間の実習を取り入れるなどの就業体験の機会を積極的に設けるとともに、地域や産業界等の人々の協力を積極的に得るよう配慮するものとする。

就業体験については、中央教育審議会答申（平成20年1月）において、社会人・職業人として自立していくためには、生徒一人一人の勤労観・職業観を育てるキャリア教育を充実することが重要であり、その一環として小学校での職場見学、中学校での職場体験活動、高等学校での就業体験活動等を通じた体系的な指導を推進することが提言されている。

就業体験は、職業の現場における実際的な知識や技術・技能に触れることが可能であり、学習と職業との関係についての生徒の理解を促進し、学習意欲を喚起すること、生徒が自己の職業適性や将来設計について考える機会となり、主体的な職業選択の能力や高い職業意識の育成が促進されること、生徒が教師や保護者以外の大人と接する貴重な機会となり、異世代とのコミュニケーション能力の向上など、高い教育効果が期待できるものである。

長期インターンシップとして一歩進んだ「日本版デュアルシステム」については、Q21に示した。

2 教育課程上の措置

学校が主体となって行う就業体験では、「実習」や「課題研究」、「総合的な学習の時間や特別活動の一環として、さらに学校設定教科・科目で取り組むことが考えられる。また、企業が主体となってプログラムを用意する学校外における就業体験活動では、学校外における学修として単位認定（学校教育法施行

規則第98条）することが可能である。また、就業体験は「実習」の単位に替えることができる。

3　インターンシップの指導計画

　インターンシップを効果的に進めるためには、意義の理解、受け入れ先希望調査、事前アンケート、安全対策等の事前指導を行うとともに、礼状作成、日誌・報告書の提出、事後アンケート、報告会の実施等の事後指導を行う必要がある。また、就業体験実施に当たっての対応を以下に示す。

①第一に重要なことは安全対策である。事前に危険な作業は避ける指導が必要である。「災害共済給付金」の適用、「賠償責任保険」の加入を指導する。
②実習先の業務に支障がないように実施し、受け入れ先の諸規則を遵守する。
③実習時間は、原則として工場等の就業時間に準じる（概ね7時間）。無報酬であり、交通費、昼食は自己負担とする。
④教員は定期的に受け入れ先を巡回し、実施状況の確認及び指導をする。
⑤インターンシップ日誌を作成させ、受け入れ先に所見の記述を依頼する。

4　インターンシップの実施状況

　全工協会の調査（平成27年度）によれば、工業科をもつ高等学校のうち、90.4％がインターンシップを実施している。学年別では、2学年が88.1％と一番多く、学年の生徒全員が参加している学校は52.8％である。実施時期は授業日に行う学校が59.9％で微増しており、長期休業中に実施する学校は40.1％である。実施期間は、3日から5日までが最も多く95％である。卒業単位に認定している学校は18.6％である。実施上の課題としては、受け入れ企業の開拓が43.0％と最も多く、次いで、事前・事後の打ち合わせ、校内指導体制、安全対策などとなっている。

参考文献　全工協会『教育課程委員会報告』、2015

Q50 産業構造・就業構造の変化とはどのようなことか

1 産業構造の変化

　戦後の我が国の産業構造・就業構造の変化を確認する。
　我が国の戦後の産業構造は、農業中心の第1次産業から高度経済成長へ向けた製造業等の工業中心の第2次産業へと移行し、さらにコンピュータを駆使した情報中心の第3次産業が今日中心的となったことは承知のとおりである。それぞれの産業には重要な意味があった。農業が中心の社会では、先人の文化的、社会的、技術的遺産を伝承し継続するという部分の比重の高い社会である。しかしながら、高度経済成長時には、地方から移動してきた労働者が大都市部に集中したため、地方の過疎化現象が問題となった。このため、第1次産業の従事者数は低下の一途をたどることになった。
　製造業を中心にした工業が中心の社会では、戦後の復旧・復興と同時に若い労働力が農村部から移動し、新鮮で柔軟性のある頭脳をもった労働力を確保することができた。それとともに子供たちに次代の厳しい競争社会に生き残るための教育を行うことが必要となったことや親の強い要望から高等学校や大学への進学率が急速に上昇した。高等学校進学率が1960年から1975年の15年間に30％も上昇しているのはこれを裏付けている。
　その後、ＩＣＴを中心としたグローバル社会に突入し、情報が中心の社会を迎えることとなった。情報が中心の社会では、コンピュータ化による大量の情報処理により、高度な情報のやり取りが可能になり、社会の情報管理化が進められている。このことにより、サービス産業を中心とした第3次産業の続伸とともに、情報化は我が国の経済を牽引する大きな力となっている。

2 就業構造の変化

　産業構造の大きな変化に伴い、就業構造にも大きな変化が表れている。
　就業構造においては、長年続く少子化により若年労働者人口が年々低下し、労働者の供給と需要のバランスが不安定になってきた。また、全労働者中にお

ける非正規雇用割合も3割を超え、特に15～24歳までの非正規雇用率は2014年度には48.6％と2人に1人の割合に近づいている。さらに、ニートが60万人、フリーターが200万人に達するなど、若者を中心にした課題がある。非正規雇用は気軽に働くことができる一方で、経済的不安定、職業スキルの未熟練など将来への不安がある。やむを得ずフリーターとなった若者への救済措置は喫緊の課題である。ニートについては、引きこもりとして社会活動ができない場合もある。

このため、厚生労働省では、2000年に「若者挑戦プラン」、「ジョブカフェ」等を立ち上げ、若年者の勤労観・職業観の意識を高めるなど、非正規雇用率の改善に取り組んでいる。

- 若者挑戦プランとは、若年者の雇用問題に対し政府全体として対策を講ずるため、文部科学省、厚生労働省、経済産業省及び内閣府の関係4府省で連携し、平成15年4月に「若者自立・挑戦戦略会議」を発足させ、同年6月に総合的な人材対策として「若者自立・挑戦プラン」をとりまとまとめた。
- 「ジョブカフェ」とは、正社員経験の少ない人が、キャリア・コンサルティングの様子や職業訓練の評価を「ジョブ・カード」に取りまとめ、常用雇用を目指した就職活動やキャリア形成に活用する制度である。

3 今後の産業構造・就業構造の変革について

今後の産業構造・就業構造は、ＡＩ（Artificial・Intelligence：人工知能）やビッグデータによって、既に、製造プロセス、モビリティ、健康・医療、流通、インフラ、産業保安、エネルギー、行政などの幅広い分野において、変革の動きがみられる。そのため、今後は、個々人のそれぞれ異なるニーズに応えるなど、これまでになかったまったく新しい価値を生み出すことが可能になると言われている。その変革は、想像を超えるスピードで想像を超える変革が起きる可能性があるとも言われている。

また、ＡＩ・ビッグデータ等により働き方や雇用の在り方も大きく変化し、時間や場所にとらわれない成果重視の働き方等、これまでの雇用・労働制度とは違う知的労働のマネジメントが大きくかかわり、このような産業構造・就業構造の変革を見据えた学校教育の在り方にも大きな変革が求められよう。

Q51 企業はどのような人材を求めているか

1 ものづくり企業及び技能者の変化

　「大量生産システム」は、生産能率を確実に向上させるための方法であるが、社会が個性化、多様化することによって、生産システムは、少品種大量生産から多品種少量生産へと移り変わっていった。

　また、国内における生産システムは、トヨタ自動車が「かんばん方式」（ジャストインタイム生産方式）をいち早く手がけ、高いフレキシビリティを持つシステムに進化してきた。しかし、同時にわが国の企業の動向は、海外移転やバブル崩壊後の不況が長く続き、国内の産業に空洞化が起こり、経済のマイナス成長をもたらした。また、企業内システムは、戦前に始まったという労使協調のもとに進められてきた「年功賃金制度」や「新卒一括就職制度」の一部に変化が現れてきている。

　ところで、高度な技術・技能を備えた人材は、一朝一夕に育つものではなく、長期の時間をかけて育成されるものであり、その成果は、一国の産業競争力を左右するものにもなる。バブル崩壊、リーマンショックが経済に大きな打撃を与え、さらにものづくりを中心に海外に生産拠点を移転してきたことも重なり、不況とともに我が国の若年者のものづくり人材に大きな危機感をもたらした。

　また、職場内容も変化してきた。技能者は専業化による電子化、複合化によって高度化した専門知識に対応することに戸惑うことにもなった。また、団塊の世代が退職したことにより、ベテランが若手に技能を伝承する機能が減少してきている。さらに、ものづくり生産拠点の海外移転、開発機関の短縮、コストダウンなどにより、製造現場の力が落ち、若い技能者の「質」と「量」の低下が問題とされるようになった。

　このような厳しい現実の中で、現在の企業が求めるものづくり人材の育成はどのように進められているのかを次に示す。

2 ものづくり人材の育成

　我が国のものづくり人材育成は、付加価値の高い製品をつくり、アジア諸国、アメリカ・ヨーロッパ等に対して競争力を高める必要がある。現在、ものづくり産業の現場では、ベテランの熟練技能者がOJTを中心に若手の技能者を積極的に教育する体制を構築している。

　また、消費者の多様なニーズに対応した多品種少量生産などに応えるために、様々な技能を身に付けた人材育成が喫緊の課題となった。それらを成せる人材として多能工の育成が注目され企業現場で積極的に養成している。

　製造現場では、ITや高度な機械を駆使できるハイテク作業とともに、勘やコツなどのアナログ的ではあるが希少な価値のある作業に柔軟に対応できる技能者も求められている。そのため、専門的な深い技能レベルとともに幅広い技能を持つ多能工が求められている。

　このような高度の技能を備えたものづくりの人材育成は、計画的な採用と育成が重要であり、かつ長期間かけた職業能力の蓄積が必要とされる。

> 【若き「現代の名工」の紹介】
> 　厚生労働省が毎年、各分野で卓越した技能者を選ぶ「現代の名工」に、ソニーマニュファクチャリングシステムズ（SNS、埼玉県）のモールドデバイス部担当部長のMさん（埼玉県立工業高校出身）が150人の中で最若手の42歳で2008年に選ばれた。Mさんは、機械部品や金型など多種多様の工作機械を使いこなし、「超多能工」ともいえる技能を身に付けた。「現代の名工」に選ばれたのは、そのマルチぶりが評価されたからだ。「モノは原理原則に基づいて存在する。妥協すれば良いモノはできない」というのがMさんの信念である。一方で計測機器の限界を超えた最後の精度を出す時には「勘に頼る部分もある」とも言う。「経験の積み重ね」で身に付けたノウハウをMさんは懸命に次の世代に伝えている。
> 　　　　　　　　　　　　　　　　　　　　　　（平成21年1月12日　読売新聞の記事要約）

　現在、工業高校では、高度な多能工を目指し、基礎学力とともに資格取得、コンテストへの挑戦、インターンシップ、デュアルシステムなどを通して、技能の向上を図っている。

Q52 企業においてどのように人材育成を行っているか

1 付加価値を高めるものづくり人材の育成

　我が国は、ものづくりのための原材料をほとんど海外からの輸入に頼っている。そのため、我が国のものづくりは付加価値の高い製品を製造して輸出することによって、これまで対外貿易の収支を黒字化し維持してきた。しかし、我が国は今日のアジア諸国の低価格競争に苦慮している状況である。この価格競争から抜け出すためには、より一層付加価値の高い技術・技能が求められる。そのため、各企業は現場作業者が最新の機械加工、電子機器、制御技術などを研修する体系的な人材育成のシステムを導入している。

　また、多くの企業では、個々の技能的スキルを向上させるために、技能者の能力をランクごとに顕彰し、将来の高度な熟練技能者の養成が行われている。ある企業の例では、企業独自の「マイスター」などの称号を力量のある技能者に与え、人材の育成を積極的に進めている。その評価対象は単に技能だけでなく、作業の展開力、知識、人望も加えて採点される。目標を達成できた技能者に報奨金が支払われ一層の意欲向上につなげている例もある。さらに、企業内の認定だけでなく、製造現場では自己啓発として国家技能検定に挑戦する技能者が増えている。技能検定1級を持つ技能者は現場の技能伝承者として期待される存在である。

2 職業能力開発

　今日の我が国の産業構造・就業構造（Q50参照）において、若年者雇用の非正規化が進み、特にものづくりの技術・技能の伝承が危ぶまれている。そのため、有意な職業人になるために、職業を自分で選択し、決定できる能力を育成することは学校教育において重要である。

　職業能力開発は、生徒が社会に出て生涯学習として職業生活の中で継続して学ぶものであり、様々な職種、職場等で、この機会を活用することが必要である。

3　企業内での職業能力開発

　我が国の企業の多くは、欧米の企業とは異なり、採用に際してそれぞれの職種についての知識や経験の有無を重視することが極めて少ない。このため、我が国の企業現場での若い労働者の人材育成は、入社後に OJT（On the Job Training「仕事に就きながらの訓練」）を中心に能力開発に取り組んでいる。熟練形成における OJT において、即戦力よりも将来性、専門的知識・技能とともに一般的知識・技能、すでに獲得している知識とともに学習への準備態勢の有無などが重視されている。また、Off-JT（Off the Job Training「仕事から離れて教室などで行われる集合訓練」）も近年重視され、その効果的な研修システムが企業現場で生かされている。

　今日では、自己啓発としての SD（Self Development「上司の直接の指導を受けずに自分一人で勉強する教育訓練」）も評価を受けつつある。

　実際の企業の例を以下に示す。

> 　"現場力の低下を防ぐ" ための技能伝承プログラムに沿って職場毎に「技能伝承マップ」を作成し、職種別に伝承内容、伝承方法（OJT、Off-JT）、伝承者を設定する。次にその伝承マップの対象者を具体的に決定し、技能伝承教育の年間計画を個人別・時系列的に作成する。
> 　この教育を計画的に実施～発表～評価していき、このサイクルを年度ごとに繰り返すことにより各人のスキルのスパイラルアップを図っている。
> 　結果として OJT と Off-JT を組み合わせた「理論と実践」の双方を理解できるシステムとなり、これらの技術伝承システムを推進（計画～実施～発表～評価）していくための仕組みとして人材育成センターが設置されている。

　また、IT を活用した技能伝承への取組も進んでいる。IT により高度熟練技能者の技能をデータ化して、若い技能者が作業現場の整理されたコンテンツで学ぶのである。この例は、工業高校でも企業と連携して開発を進めている。製造現場の高度熟練技能者の加工技術を IT により映像化し、解説を書き入れるなどしてチェックポイントや勘所を伝授することができる。

参考文献　中央職業能力開発協会『技能伝承教育を軸とした人材育成』

Q53 工業高校においてはどのような生徒指導が行われているか

　生徒指導については、文部科学省「生徒指導提要」に次のように書かれている。

> 　生徒指導とは、一人一人の児童生徒の人格を尊重し、個性の伸長を図りながら、社会的資質や行動力を高めることを目指して行われる教育活動のことです。すなわち、生徒指導は、すべての児童生徒のそれぞれの人格のよりよき発達をめざすとともに、学校生活がすべての児童生徒にとって有意義で興味深く、充実したものになることをめざしています。生徒指導は学校の教育目標を達成する上で重要な機能を果たすものであり、学習指導と並んで学校教育において重要な意義をもつものと言えます。

　このように生徒指導は、指導内容や指導領域に限定されるものではなく、教育活動全体において、時代の変化にも対応しながら、一人一人の生徒の健全な成長を促し、個々の生徒の自己指導能力の育成を目指すものであり、学校がその教育目標を達成するための重要な機能の一つとして、生徒の人格の形成を図る上で、大きな役割を担っている。

1 生徒指導体制

　生徒指導体制を充実させるためには、生徒指導の方針・基準に一貫性を持たせることが必要である。その基盤である指導方法には様々あるが、目標に至る基準に足並みをそろえることは大切である。「社会で許されない行為は、学校においても断じて許されない」、「当たり前にやるべきことは、当たり前にする」などをはじめ、「社会生活上のきまり・法を守る」、「あいさつをする」、「してはいけないことはしない」、「他人に迷惑をかけない」、」「時間を厳守する」、「常に感謝の気持ちを忘れない」、「授業時間中の態度をきちんとする（私語をしない、話をよく聞くなど）」など、基本的な生活習慣を含めて、生徒指導に当たっての方針・基準を明確にし、具体的にして示すことが必要である。

　また、生徒指導体制を強固にするためには、教員の様々な個性、年齢、体力、経験を互いに理解し、信頼関係を構築していくことが重要である。

したがって、実効性のある組織・運営の在り方としては、次のようなことが考えられる。
- ①全教職員の一致協力と役割分担
- ②学校としての指導方針の明確化
- ③すべての生徒の健全な成長の促進
- ④問題行動の発生時の迅速かつ毅然とした対応
- ⑤生徒指導体制の不断の見直しと適切な評価・改善

2 生徒指導の進め方

　生徒指導を実際に進めていくに当たっては、生徒指導の意義や組織などの考え方を踏まえて、学校ごとにそれぞれの学校の体制、生徒や家庭・地域の状況などに応じて具体的な指導を進めていく必要がある。

　複雑化・多様化する生徒の問題行動等を解決するためには、学級担任が一人で問題を抱え込むのではなく、管理職、生徒指導担当、教育相談担当、学年主任、養護教諭など校内の教職員や、スクールカウンセラーやスクールソーシャルワーカーなどの外部の専門家等を活用して学校として組織的に対応することが重要である。

3 基本的生活習慣の確立

　工業高校では、卒業後すぐに就職する生徒が多いことから、従来から生徒指導では、次のような基本的生活習慣の徹底を図っている。
- ①時間を守る、物を大切にする、服装を整えるなどの学校生活を営む上で必要な規則に関する生活習慣
- ②あいさつや礼儀、他者とのかかわりや自らの役割を果たすなどの集団生活にかかわる生活習慣
- ③授業規律や態度、遅刻をしないなどの学校における様々な活動を行う上での生活習慣

参考文献　文部科学省『生徒指導提要』、2010

Q54 工業高校における特別活動の特徴は何か

特別活動の目標については、学習指導要領に次のように示されている。

> 望ましい集団活動を通して、心身の調和のとれた発達と個性の伸長を図り、集団や社会の一員としてよりよい生活や人間関係を築こうとする自主的、実践的な態度を育てるとともに、人間としての在り方生き方についての自覚を深め、自己を生かす能力を養う。

この目標は、ホームルーム活動、生徒会活動及び学校行事の三つの内容を総括するものである。

1 ホームルーム活動

ホームルーム活動については、学校における生徒の基礎的な生活集団として編成したホームルームを単位として、ホームルーム生活の充実と向上を図り、生徒が当面する諸課題への対応や健全な生活態度の育成に資する活動を行うこととされている。

2 生徒会活動

生徒会活動については、学校の全生徒をもって組織する生徒会において、学校生活の充実や改善向上を図る活動、生徒の諸活動についての連絡調整に関する活動及び学校行事への協力に関する活動などを行うこととされている。

放課後等において従来から行われてきた部活動は、特別活動の中には含まれていないが、生徒の自主的・主体的な参加により行われる活動であり、学習指導要領には、「スポーツや文化及び科学等に親しませ、学習意欲の向上や責任感、連帯感の涵養等に資するものであり、学校教育の一環として、教育課程との関連が図られるよう留意すること」とその意義が示されている。

工業高校では、生徒が学校において、日々の生活や学習を積み重ねていく中で、人として、将来の工業技術者として、成長していくことを目指している。こうした特色は部活動においても反映されており、運動部や文化部のほか工業系の部活動として、工業技術研究部、機械工作部、電気技術部、建築福祉部、

自動車部、ロボット研究部、溶接技術部、資格取得部、カーメカニック部など特色ある部活動が数多くある。

　北海道では、道内の工業高校が連携して「北海道工業高校工業クラブ大会」を実施し、日頃の成果を競っている。また、青森県立青森工業高等学校では、東北3大祭りとして有名な「ねぶた祭」の伝統的な「担ぎねぶた」を復活しようと「ねぶた部」が活躍している。栃木県立栃木工業高等学校の「福祉機器製作部」は、日本で使われなくなった車椅子を生徒が修理して各国に贈る「空飛ぶ車いす活動」を展開し、約20年間にわたり、累計1986台の車椅子を22カ国の障害者らに寄贈している。高度な技術が評価された事例として、福島県立郡山工業高等学校のコンピュータ部は、国際ナノ・マイクロアプリケーションコンテストにおいて、高校生チームとして世界初の「FirstPrize（第1位）」を受賞している。また、静岡県立沼津工業高等学校のロボット制御部は、ロボカップ世界大会に平成23年度から4年連続出場を果たし、平成24年のメキシコ大会では個人部門で優勝している。

　このように、工業高校の生徒は、日頃の学習成果を部活動においても発揮し、日本にとどまらず、世界の舞台ですばらしい成果を残している学校もある。

3　学校行事

　学校行事については、集団への所属感や連帯意識を深めつつ、社会的自立や社会貢献を念頭に置いた体験活動を通して実社会の中で共に生きること働くことの意義と尊さを実感する機会を持つことや本物の文化に触れ、文化の継承、創造に寄与する視点を持つことなどが重要である。これらのことを踏まえ、奉仕体験、就業体験、文化的な体験などの体験活動を効果的に行うなど、学校行事の内容については各学校で工夫している。

　工業高校の特色ある学校行事としては、地域社会に貢献する活動、環境やエネルギーに配慮した活動などがある。例えば、広島県立福山工業高等学校では、「エコ日本一の学校になる」ことを目指し、環境負荷の削減を図るなど、地球の環境破壊を少しでも抑制したいと考え、生徒会の役員が中心となって、学校行事の様々な場面で環境保全活動を実施している。

参考文献　全工協会『工業教育 Vol.51, No.299』、2015

6章 工業科における教育課題

Q55 工業高校では地域産業とどのように連携しているか

　生涯学習社会の中で学校が地域と連携することは、社会的・文化的にも教育効果を高めることができる。工業高校においては地域の企業との連携が重要であり、企業が持つ力を十分に活用することによって職業観・就業観と共に技術・技能の教育効果を高めることができる。特にインターンシップや就職など企業と学校が有意義にかかわり合い新たな教育を模索することは、企業との連携を通して地域社会に学校が深くかかわることができる積極的な地域連携である。
　地域産業と学校との具体的な連携について以下に紹介する。

1 地域産業の担い手育成プロジェクト（ものづくり分野）

　団塊の世代が大量退職時期を迎えた「2007年問題」や若者の職業意識の希薄化が深刻化する中で、技術の継承や地域産業を担う専門的職業人の育成が深刻な問題となっている。また、産業社会の技術革新が急速に進む中、社会の変化に対応した産業教育の充実を図ることが喫緊の課題となっている。
　こうした中で、国際競争力の維持・強化や地域経済や産業の活性化を図り、専門高校と地域産業界が連携して地域産業の人材育成を進めることを目指し、平成20年度から「地域産業の担い手育成プロジェクト」を実施している。本プロジェクトは文部科学省、経済産業省、国土交通省、農林水産省が横断的に共同で行っている。
　実施内容は以下のとおりである。

> 「専門的職業人育成プログラムの開発」
> 　地域産業界を担う人材を育成するための教育内容の在り方と、それに必要な専門高校と地域産業界との連携の在り方を探る。
> ①生徒の現場実習、技術者等による学校での実践的指導……生徒の実践力の向上
> ②教員の高度技術習得……教員の指導力の向上
> ③共同研究……ものづくりに関する実践力や課題解決能力等の育成

2 実践事例

実践事例について、平成20年度「地域産業の担い手育成プロジェクト」報告書（文部科学省）をもとに以下に紹介する。

> **事例1 「ものづくり産業担い手育成モデル事業」**
> （山形県立米沢工業高等学校、山形県立長井高等学校、山形県立寒河江工業高等学校、山形県立新庄神室産業高等学校）
>
> 独自の商品開発につなげることができる創造開発型ものづくり人材を育成するため、生産ラインを柔軟に管理できる人材や伝統技術あるいは新たな加工技術を習熟している人材を活用し、学校での実践的指導を充実する。
> 具体的には、企業の技術者や退職した高度技術・技能者を講師として学校に招き技術・技能指導を実施する。その主な内容を以下に示す。
> ①先端技術分野に関する指導（CAD、CO_2鋳造法、ロボット講座、組立マイコン）
> ②高度技術・技能の習得に関する指導（普通旋盤、フライス盤、マシニングセンタ、機械検査、機械保全、電子機器組立て、シーケンス制御等）

> **事例2 「教員の長期型企業研修による高度技術の習得と指導力の向上」**
> （石川県立大聖寺実業高等学校、石川県立小松工業高等学校、石川県立工業高等学校）
>
> 企業において教員研修を行い、基礎的・基本的加工技術・技能の習得や先端加工技術等、高度な技術の習得を図る。
> 長期型企業研修（平均実習日数60日）における主な内容を以下に示す。
> ・機械加工の先端技術の体験　・製造現場での実生産の体験
> ・汎用機の技術・技能の習得　・測定技術の習得
> ・NC旋盤・複合加工機の実習　・NC旋盤による課題実習等

「地域産業の担い手育成プロジェクト」によるこれらの活動と同様の取組は、各地域の工業高校でも行われており、様々な成果を上げている。今後、本事業が定着し、地域産業との連携を継続できるようにすることが必要である。

参考文献　文部科学省『地域産業の担い手育成プロジェクト』、2008

Q56 学校・家庭・地域との連携とはどのようなことか

　今日の社会において、子供をめぐる状況は、いじめや暴力行為、殺人、虐待等、子供たちが被害者になる事件に加えて、不登校や引きこもり等をはじめとした様々な問題が深刻な社会問題となっている。その原因としては、社会の急激な都市化に伴い核家族化、少子化が進行し、社会における人間関係のつながりが希薄となったことなどが考えられる。このような中で、学校は子供たちに直接教育する役割とともに、地域の中の学校としての役割を兼ね備えることが必要とされてきた。

　臨時教育審議会第三次答申（昭和62年）では、「開かれた学校と管理・運営の確立」について述べられ、21世紀は、科学技術の進歩、国際化、情報化の進展と高齢化により生涯学習社会が到来するとの視点に立ち、生涯学習体系への移行を前提にした学校・家庭・地域社会における教育改革を進めることを提言した。また、高等学校学習指導要領・総則では、家庭や地域社会との連携及び学校相互の連携や交流について、次のとおり示している。

> 　学校がその目的を達成するため、地域や学校の実態等に応じ、家庭や地域の人々の協力を得るなど家庭や地域社会との連携を深めること。また、高等学校間や中学校、特別支援学校及び大学などとの間の連携や交流を図るとともに、障害のある幼児児童生徒等との交流及び共同学習や高齢者などとの交流の機会を設けること。

1　学校・家庭・地域の具体的な連携

　学校、家庭、地域が相互に関係を深め、連携協力によって、バランスのとれた教育を展開することが重要である。

　具体的には、家庭・地域への「公開」として、授業公開、ホームページや広報誌での広報活動等を行っている。また、家庭・地域との「提携」として、就業体験、日本版デュアルシステム、社会人講師の登用等を行い、地域の教育力を活用している。家庭・地域への「提供」として、公開講座、社会人聴講生の受け入れ、体育施設等の開放、生徒の奉仕活動等を実施し、地域社会に貢献し

ている。

　学校と地域社会との連携組織として、学校評議員制度がある。これは、家庭や地域から意見や要望を聴取することにより学校運営の改善を図るものである。学校評議員の設置については、学校教育法施行規則第49条に規定されている。

2　工業教育と地域連携

　工業高校における地域の教育力の活用の一例として、社会人講師（特別非常勤講師制度）の活用がある。専門領域に優れた知識や技術を持つ社会人を教育現場に迎え入れ、専門教育の質の向上と教育の活性化をねらいとしたもので、工業高校ではこれを積極的に活用している。例えば、建築科では、建築設計事務所の実務者や一級建築士等を「製図」や「建築構造」の講師として活用している。また、デザイン科ではデザイナー、工業化学科では化学分析、メッキ等の技術者、電気科では電気工事士、自動車科では自動車整備士など、それぞれの学科の特徴を生かして活用が図られている。

　全工協会の調査（平成27年度）によれば、地域と連携した活動については、多くの学校が実施しており、清掃活動やイベント（祭りなど）への参加が多い。また、地域の教育力を生徒の技術指導に生かすことについては、約半数の学校で実施しており、地元企業、近隣の大学や高等専門学校等が対象となっている。

　地域の企業・諸機関と連携して実施するインターンシップは、多くの工業高校が職業教育の一環として実施し、大きな成果を上げている。（Q49参照）

3　家庭・地域への説明責任

　学校は、自らの情報を家庭・地域に示さなければならない。各自治体の情報公開条例等に基づき市民の知る権利として学校教育情報も公開の対象とされている。学校は地域の公的機関として説明責任の観点から、各学校のホームページに、学校の教育目標や学校運営等に関する情報を公開している。特に、学校評価については、目標に準拠した教育活動の達成状況を整理・検証し、自己評価及び外部評価を行い、公表している。

　学校評価の実施義務については、学校教育法第42条に、また、情報提供の努力義務については、同法第43条にそれぞれ規定されている。

Q57 工業科の特色を生かした奉仕活動（ボランティア活動）とは

1 学習指導要領におけるボランティア

ボランティア活動については、高等学校学習指導要領・総則の教育課程編成の一般方針に次のとおり示している。

> 学校においては、地域や学校の実態等に応じて、就業やボランティアにかかわる体験的な学習の指導を適切に行うようにし、勤労の尊さや創造することの喜びを体得させ、望ましい勤労観、職業観の育成や社会奉仕の精神の涵養に資するものとする。

ボランティア活動は、自分が価値のある大切な存在であることを実感するとともに、他人を思いやる心や社会生活を営む上での規範を学ぶことができる。また、国際協力、環境保全、少子高齢化社会への対応など様々な社会問題に対する生徒の意識を広げたり深めたりすることができる。

2 工業高校におけるボランティア活動

ボランティア活動について、普通科高校においては、地域の清掃活動、福祉施設への訪問、イベント（祭りなど）への参加、交通安全指導、震災後の支援などに取り組んでいる学校が多い。一方、工業高校では、普通科高校での活動に加えて、工業科の専門性を生かした活動を取り入れているのが特徴的である。具体的には、小・中学生のためのものづくり教室、地域のイベントへのミニSL走行やロボット実演などによる協力、おもちゃを修理する「おもちゃの病院」等が挙げられる。また、工業高校単独でなく、専門家と共同して行う「住宅耐震診断」、「独居世帯の住宅電気配線診断」などの取組もみられ、多様な専門的技術・技能の活用が図られ、地域の企業や地域住民との密接なかかわりの中で実施されている。

こうしたボランティア活動を通して、奉仕の精神を学ぶだけでなく、自らの技術・技能や課題解決能力の向上、学習意欲の促進が図られるなどの効果が期待できる。

3 工業高校におけるボランティア活動の事例

①「空飛ぶ車いす」（栃木県立栃木工業高等学校）

　日本で使用されなくなった「車いす」を工業高校生が整備、再生してアジア諸国で必要としている人々にプレゼントする活動を「空飛ぶ車いす」と呼んでいる。この活動は、平成11年から本格的に開始し、平成27年３月現在、世界中22か国に1,999台の車いすをプレゼントしている。タイ王国での３日間の活動では、シートやタイヤ交換、錆落とし、ブレーキ調整、総合的なメンテナンス等を行い、作業効率を高めることで互いに親密なコミュニケーションが取れたこと、修理した車いすを現地の方々に直接手渡し感謝され、「ものづくり」の素晴らしさを体感できたことなどの成果がみられている。

②「被災地の高校生に自転車を」（大阪府立今宮工科高等学校）

　「大震災の津波によって被災地の高校生が通学用の自転車を流されて、１時間も歩いて登校している」というニュースを耳にして、不要自転車を再生して東日本大震災の被災地の高校生に送ることにした。「課題研究」で計20台の不要自転車を再生して被災地に送ったが、その間に様々な出会いがあり感動するなどの成果がみられている。

③「瓦礫処理」（埼玉県立熊谷工業高等学校）

　夏季休業中に、土木科３年生26名と教員が往復13時間かけて被災地宮城県南三陸町を訪れ、瓦礫の分別処理作業を行った。地面には金属の棒やゴム管が見え、掘り始めるとリコーダー、包丁、瓦、トイレの便座、Ｕ字溝、ゲームセンターのコイン交換機などが出てきた。悪天候であったが、授業ではできない体験をし、ボランティアの必要性を身をもって学ぶことができた。

　②と③は東日本大震災の復旧・復興を支援するボランティア活動であり、こうした活動が近年増えている。これ以外に、避難所での炊き出しの手伝い、部室の運搬の補助、海浜ゴミの撤去・焼却、建造物の泥やがれきの撤去などの取組もみられる。

Q58 工業科で取得する資格・検定にはどのようなものがあるか

　工業高校では、「専門的な知識・技術の習得」と「目的を持った意欲的な学習活動」を促進する観点から資格取得に積極的に取り組んでいる。

　全工協会では、平成13年度より「ジュニアマイスター**顕彰制度**」を制定し、職業資格取得や技術・技能検定に合格するなど優れた活躍をした生徒に対して顕彰を行っている。その趣旨は以下のとおりである。

　全国の工業系学科に在籍する高校生が、高度な国家資格の取得や全工協会主催等の検定試験に合格、または各種競技会等で優秀な成績を収めるなど、優れた活躍をしている実態がある。全工協会は、これらの生徒が目的意識を持って一層意欲的に学習に取り組むことを促すうえで、生徒が身に付けた知識・技術・技能を積極的に評価することが重要であると認識し、顕彰することにした。

　平成13年度以降、申請者数は年々増加し、職業資格取得や検定受検に取り組む生徒の真剣な姿が顕著になり大きな成果を上げている。表7は、ジュニアマイスター顕彰に係わる区分表で、資格・検定等を取得した場合の得点が表示されている。

　生徒が取り組んでいる資格・検定のうち、で取得者の多いものを以下に示す。
- 危険物取扱者（乙4類）　●計算技術検定（3級）
- 情報技術検定（3級）　●技能士　　　　●電気工事士（2種）

　また、以下のような高難度（合格率20％以下）の国家資格を取得する者もいる。
- 高圧ガス製造保安責任者丙種化学　●測量士
- 工事担任者DD第2種　●消防設備士　甲種3類
- 電気主任技術者第2種

　なお、取得した資格・検定は、学校に設けられている各教科・科目の学習内容に対応しており、かつ一定の要件を満たす技能審査において相当程度の成果を収めた場合、それを自校の科目の履修とみなし、単位として認められている。

参考文献 全工協会『総会資料等』、2015

表7 ジュニアマイスター顕彰に係わる資格・検定等の区分表（一部抜粋）

類型	番号	資格・検定等の名称	実施団体	S 30	A 20	B 12	C 7	D 4	E 2	F 1
全工協会	101	計算技術検定	①		1級		2級		3級	4級
	102	情報技術検定			特別表彰	1級		2級	3級	
	103	基礎製図検定							○	
	104	機械製図検定				特別賞	○			
	105	パソコン利用技術検定					1級		2級	3級
	106	リスニング英語検定				1級	2級		3級	
	107	初級 CAD 検定							○	
	108	グラフィックデザイン検定			1級	準1級	2級	3級		
教養系	111	実用英語技能検定	②		1級・準1級		2級	準2級		3級
	112	工業英語能力検定	③			1級	2級	3級	4級	
	113	日本漢字能力検定	④			1級	準1級	2級	準2級	3級
	114	実用数学技能検定	⑤			1級	準1級	2級	準2級	3級
技能・技術検定	126	情報配線施工技能検定	⑥				2級	3級		
	127	知的財産管理技能検定	⑦				2級	3級		
	128	ウェブデザイン技能検定	⑧				2級	3級		
機械系	141	ボイラー技士	⑨			1級学科	2級免許取得			
	145	JIS 溶接技能者評価試験(1)	⑩			専門級	基本級			
	145	自動車整備士(1)	⑪				3級			
電気系	151	電気主任技術者	⑫		3種					
	152	電気工事士				1種技能合格		2種		
	153	ラジオ音響技能検定	⑬						2級	3級
デザイン系	161	色彩士検定	⑭				1級	2級	3級	
	162	カラーコーディネーター検定	⑮			1級		2級	3級	
	163	色彩検定	⑯				1級	2級		3級
建築・土木系	173	測量士・測量士補	⑰		測量士	測量士補				
	175	建築 CAD 検定	⑱			准1級	2級		3級	4級
	176	トレース検定	⑲				1級	2級	3級	4級
環境・化学系	202	公害防止管理者(大気・水質)	⑳	1種・3種	2種	4種				
	181	危険物取扱者	㉑			甲種			乙種4類	丙種
	207	火薬類取扱保安責任者	㉒			甲種	乙種			
情報系	211	情報処理技術者試験(応用・基本)	㉓		応用	基本				
	212	情報処理技術者試験(ITパスポート)					○			
通信・無線系	221	工事担任者(AI種)	㉔			総合種	1種	2種・3種		
	226	アマチュア無線技士	㉕				第一級	第二級	第三級	第四級
	352	総合無線通信士			第一級	第二級	第三級			

＊区分欄中の○印は、試験合格または講習等の受講終了を意味する。

①(公社)全国工業高等学校校長協会 ②(公財)日本英語検定協会 ③(公社)日本工業英語協会 ④(公財)日本漢字能力検定協会 ⑤(公財)日本数学検定協会 ⑥厚生労働省(特非)高度情報通信推進協議会) ⑦厚生労働省((一社)知的財産教育協会) ⑧厚生労働省(特非)インターネットスキル認定普及協会) ⑨厚生労働省((公財)安全衛生技術試験協会) ⑩(一社)日本溶接協会 ⑪国土交通省 ⑫経済産業省((一財)電気技術者試験センター) ⑬(公財)国際文化カレッジ ⑭(特非)全国美術デザイン専門学校教育振興会 ⑮東京商工会議所 ⑯(公社)色彩検定協会 ⑰国土交通省(国土地理院) ⑱(一財)全国建築CAD連盟 ⑲(一財)中央工学校生涯学習センター ⑳(一社)産業環境管理協会 ㉑総務省((一財)消防試験研究センター) ㉒経済産業省((公社)全国火薬類保安協会) ㉓(独法)情報処理推進機構 ㉔総務省((一財)日本データ通信協会) ㉕総務省((公財)日本無線協会)

Q59 技能を競い合う取組としてどのようなものがあるか

　工業高校では、将来のスペシャリストの育成に必要な専門性の基礎・基本を重視している。ものづくりを中心に目標を持った学習を通して、知識・技術及び技能の定着、実践力の深化を図るとともに、課題を探求し解決する力、自ら考え行動し、適応していく力、コミュニケーション能力、協調性、学ぶ意欲、働く意欲、チャレンジ精神などの積極性・創造性を育成するために各種競技会やコンテストに参加している。

1　高校生ものづくり全国大会

　近年、若者の製造業離れが進み、ものづくりの技術・技能の継承が危ぶまれている。我が国の持続的発展を維持するためには、産業を支える技術・技能水準の向上を図るとともに、若年技術・技能労働者を確保し育成することが急務である。こうした状況に対応するため、全工協会では、各高等学校で取り組んでいる、ものづくりの学習効果の発表の場として、全国の高校生が一堂に会して、技術・技能を競い合う全国的な大会「**高校生ものづくり全国大会**」を平成13年度より実施している。

　競技種目は、旋盤作業部門、自動車整備部門、電気工事部門、電子回路組立部門、化学分析部門、木材加工部門、測量部門の7部門であり、限られた時間内で加工・組立などの正確さや技術力を競う。

2　全国高等学校ロボット競技大会

　全国高等学校ロボット競技大会は、文部科学省、公益財団法人産業教育振興中央会等が主催し、全工協会等が後援するロボット競技大会で、原則として工業に関する学科に在籍する生徒が出場する。

　競技大会は、ものづくりへの興味・関心を高めさせることともに、次世代を担う技術者としての資質を向上させることを目的に、毎年「**全国産業教育フェア**」の中で実施されている。競技内容は、実施される都道府県の特色を生かしたものになっている。

平成27年度に実施された三重県大会では、三重県の英虞湾(あごわん)に代表される真珠貝(アコヤガイ)から真珠を取り出し、加工して、指輪などの装飾品に加工するまでをイメージしたコースで競技が行われた。

3 高校生技術・アイディアコンテスト

技術アイディアコンテストは、工業教育の活性化と産業界からの期待に応えられる魅力ある人材の育成と新しい発想を生み出しながら工業技術を積極的に活用して、その実現に向けて行動できる創造的な能力と実践的な態度を身に付けた技術者を育成することを目的に実施されている。

審査基準は、従来にない新しいアイディアが盛り込まれた工業製品又はその部品で、試作品が完成していることが条件である。これまでの主な作品を以下に示す。

- 自転車競技用　トレーニングマシーン
- 担架機能付き車椅子（災害救助用）
- 目の不自由な人のための光通信交通信号機と携帯受信機

などがある。

4 高校生ロボット相撲全国大会

平成5年より開催されている競技大会で、参加者が自作したロボットを力士に見立て、技術とアイディアで戦わせる競技である。競技はコンピュータープログラムで戦う「自立型」とラジコンを操作して戦う「ラジコン型」の2つの部門に分かれている。

なお、優勝者には文部科学大臣賞、技術的に優れたロボットには経済産業大臣賞が授与される。

5 その他

高校生ロボットアメリカンフットボール大会、ジャパンマイコンカーラリー、若年者ものづくり競技大会、技能五輪全国大会などに多くの生徒が参加している。

参考文献　全工協会『90周年誌』、2009
　　　　　全工協会『総会資料』、2015

Q60 学習の質の保証はどのように行われているか

　高等学校教育の充実は、近年の教育政策における重要課題の1つとなっており、政府の決定や国会の決議、審議会の答申等においても、高等学校教育の質保証をはじめとした課題についての提言がなされている。

　高等学校教育の質保証に関し、下記①〜④のような点についての議論が必要であると指摘されている。

①高等学校教育においてどのような能力を身に付けさせるか
②生徒が身に付けるべき能力の到達目標を誰がどのように設定するか
③到達目標に対する達成度をどのように把握するか
④上記の点を踏まえた質を保証する仕組みをどのように構築するか

　これらを踏まえ、工業高校では、次のような質保証の取組を行っている。

1　技能スタンダード（東京都）

　東京都教育委員会は、「都立高校改革推進計画・第一次実施計画」（平成24年2月策定）に基づき、都立専門高校の生徒の専門性の向上を図るため、専門高校において生徒が身に付けるべき、専門分野に関する主な技術・技能の具体的な内容を「都立専門高校技能スタンダード」として示した。以下の2つの内容で構成されており、平成27年度より、すべての都立専門高校でこれを活用している。

①技能スタンダードⅠ（技術・技能編）
　　生徒に在学中に習得させる専門分野に関する主な技術・技能の目標
②技能スタンダードⅡ（資格・検定編）
　　生徒に在学中の取得を推奨する主な資格・検定

2　標準テスト（全工協会）

　全工協会が実施している標準テストは、工業科目を学ぶ生徒が自らの学習到達度を自覚し、学習意欲を沸き立たせるものとして重要な役割を果たしている。加えて、各高等学校の教員が、学習指導の計画・内容・方法等を検証・工

夫するうえで必要な資料となっている。標準テストは、昭和32年より毎年実施されており、学習指導要領が変遷する中で、各専門分野で必要とされる科目を選定し、実施している。平成26年度に実施された科目は以下の15科目であり、受検者は68,655名であった。

なお、標準テストは、教育の質保証を測る有効な手法として注目されている。

・数理「工業数理基礎」 ・機械「機械工作」「機械設計」 ・電気「電気基礎（A）」「電気基礎（B）」 ・化学「工業化学」 ・建築「建築構造設計」「建築構造」 ・土木「土木基礎力学」「測量」 ・繊維「繊維製品」 ・材料（金属）「工業材料」「材料加工」 ・設備「空気調和設備」「衛生・防災設備」

3 各種検定試験

①計算技術検定

計算技術検定は、電卓やポケコンの正しい使い方及び実技能力の向上を図るために実施するものであり、データ整理や技術計算などにおける計算方法や合理的な数理処理の手法を身に付けているかを検定している。

②情報技術検定

情報技術検定試験の目的は、工業技術者として必要な基礎的な情報技術に関する知識と技能がどの程度身に付いているかを検定することであり、1級から3級までの3つの検定レベルで実施されている。

③機械製図・基礎製図検定

工業高校に学ぶ生徒のために、製図に関する知識と技術・技能の向上を図るとともに、生徒の多様化と技術革新に対応するため、機械製図検定と基礎製図検定に分けて実施されている。

④初級CAD検定

CAD検定の目的は、CADに関する専門知識（CADシステム、製図）とCADシステムを利用し設計・製図を行う上で必要な知識を習得しているかを検定することである。

参考文献　全工協会『90周年誌』、2009

Q61 工業高校の教員はどのような研修を行っているか

　我が国の教育現場において教員の資質能力の向上に関する取組は重要な課題となっている。

　その対応策の1つとして教員を対象とした研修が計画され、それらは国や都道府県市区町村など、様々なレベルで実施されている。また、学校を基盤として、教員が自主的に行う研修会や研究会が存在することも考えれば、教員の資質能力の向上に関する我が国の意識は高いと言えるのではなかろうか。

　教員は、その職責を遂行するために、絶えず研修に努めなければならない。また、都道府県・指定都市・中核市教育委員会等は、研修の計画的な実施に努める必要があり、初任者研修をはじめ各種研修の体系的な整備を図っている。

1　初任者研修

　新規採用された教員に対して、採用の日から1年間、実践的指導力と使命感を養うとともに、幅広い知見を得させるため、学級や教科・科目を担当しながらの実践的研修（初任者研修）が行われている。

2　10年経験者研修

　個々の教員の能力、適性等に応じた研修を実施することにより、教科指導、生徒指導等、指導力の向上や得意分野づくりを促すことをねらいとして、10年経験者研修が平成15年度より行われている。

3　長期社会体験研修

　教員の長期社会体験研修は、社会の構成員としての視野を拡大する等の観点から、現職の教員を民間企業、社会福祉施設等学校以外の施設等へ概ね1か月から1年程度派遣して行う研修である。この長期社会体験研修は、視野の拡大、対人関係能力の向上等に大きな効果を上げている。

4 独立行政法人教員研修センター主催研修

①産業・情報技術等指導者養成研修
　教科「工業」における授業改善に関する講義と演習（5日間）
②産業教育実習助手研修
　教科「工業」及び工業科教育法に関する講義と実習（5日間）

5 都道府県教育委員会が主催する研修

①産業教育専門研修（栃木県・工業科）
　工業科における学習内容や専門科目の応用的な内容等の指導法について理解を深め、工業科担当教員として実践的な教育力の向上を図る研修である。
②工業教育における指導方法等の研修（東京都）
　機械、電気、建築、情報科学に関する実践的な知識や技術及び技能について、分野別に学び、専門性の高い授業づくりに必要な知識、技術及び技能を身に付ける研修である。

6 全工協会が主催する研修

①全国工業教育指導者養成講習会
　現状を改革し、将来の工業教育を創造できる指導者を育成することを目的に開催されている。講義、グループ討議、実地見学を通して工業教育に関する内容を7日間にわたって研修する。
②夏季講習会
　工業系高校の教職員が最新の技術の習得を目指し、生徒の学習指導充実に資することを目的に、全国の企業の後援や共催により夏季休業中に「夏季講習会」を実施している。主な内容は、
- 授業で活用するためのSolidWorks　初級・中級・実践編
- 品質管理基礎講座（QC検定3級レベル）
- 機械系3次元CADモデリング講習会（基礎・応用編）
- 台車型ロボットで学ぶ！C言語組込プログラミング

などである。

参考文献　『工業教育資料351』実教出版、2013
　　　　　全工協会『総会資料』、2015

索引

【あ】
ICT 68
アクティブ・ラーニング 87

【い】
板書 92

【お】
オズボーン 87

【か】
学習意欲 96
学習指導案 84
課題研究 64
学校設定科目 61
完全学校週5日制 3
完全習得学習 86

【き】
キャリア教育 104
キルパトリック 47

【け】
形成的評価 95
ケルシェンシュタイナー 47
言語活動 98
原則履修科目 60

【こ】
工業技術基礎 62
高校生ものづくり全国大会 128
高等学校専攻科 38
個人内評価 95
コメニウス 46

【さ】
産業教育振興法 24

【し】
CAI 87
シグネウス 47
指示 89
実業学校 51
実習 66
指導要録 94
就業体験 106
習熟度別少人数指導 86
就職率 102
ジュニアマイスター顕彰制度 126
生涯学習 2
情報モラル 69
職業教育 22
進学率 103
診断的評価 95

【す】
スペシャリスト 28

【せ】
絶対評価 94
全国産業教育フェア 128
全日制課程 12
専門高校 28
専門教育 10
専門教育を主とする学科 14

【そ】
総括的評価 95
総合学科 15
相対評価 94

【た】
体験活動 80
単位制高等学校 16

【ち】
知識基盤社会 4
中高一貫教育 17

【つ】
通信制課程 13

【て】
定時制課程 12
デュアルシステム 44
デューイ 6, 47
寺子屋 48
電子黒板 93

【は】
バズ・セッション 87
発問 90
藩校 48

【ひ】
PISA 調査 4

【ふ】
普通科 14
普通教育 10
フランダース 88

ブルーナー 7
ブルーム 86
ブレインストーミング 87
フレーベル 47

【へ】
ペスタロッチ 46
ヘルバルト 46

【ほ】
ポートフォリオ評価 95
ボランティア活動 124

【も】
森有礼 8
問題解決学習 82

【ら】
ラングラン 2

【り】
リカレント教育 28
離職率 103

【る】
ルソー 46

著者紹介

石坂政俊（いしざかまさとし）
日本大学理工学部　非常勤講師
日本工業教育経営研究会　事務局長
元公益社団法人全国工業高等学校長協会　理事
元東京都立町田工業高等学校　校長

長田利彦（おさだとしひこ）
東海大学　非常勤講師
日本工業教育経営研究会　会長
元公益社団法人全国工業高等学校長協会　理事長
元神奈川県立小田原城北工業高等学校　校長

巽　公一（たつみきみかず）
拓殖大学　教授
日本工業技術教育学会　会長
元公益社団法人全国工業高等学校長協会　理事長
元東京都立科学技術高等学校　校長

田中正一（たなかしょういち）
埼玉工業大学　教授
日本工業教育経営研究会　理事
元公益社団法人全国工業高等学校長協会　理事
元埼玉県立大宮工業高等学校　校長

工業科教育の方法と実際

2016年3月31日　第1版第1刷発行

著　者　石坂政俊・長田利彦・巽公一・田中正一
発行者　橋本敏明
発行所　東海大学出版部
　　　　〒259-1292　神奈川県平塚市北金目4-1-1
　　　　TEL 0463-58-7811　FAX 0463-58-7833
　　　　URL http://www.press.tokai.ac.jp/
　　　　振替 00100-5-46614
印刷所　港北出版印刷株式会社
製本所　誠製本株式会社

© Masatoshi Ishizaka, Toshihiko Osada, Kimikazu Tatsumi and Shoichi Tanaka, 2016　ISBN978-4-486-02101-8

R〈日本複製権センター委託出版物〉
本書の全部または一部を無断で複写複製（コピー）することは，著作権法上の例外を除き，禁じられています．本書から複写複製する場合は日本複製権センターへご連絡の上，許諾を得てください．日本複製権センター（電話03-3401-2382）